ちくま新書

障害者差別を問いなおす

荒井裕樹
Arai Yuki

JN042494

1489

障害者差別を問いなおす【目次】

※本書の地の文中、〈 〉は具体的な資料等からの引用を意味し、「 」は筆者による固有名詞・語句・フレーズの強調等を意味するものとします。
※資料等の引用に際し、特に断りのない限り、傍線・中略等は引用者によるものとします。

序章

「障害者差別」について考える意味

†「差別」を捉えるには?

「障害者差別」という言葉から、どのような事柄を思い浮かべるでしょうか。「障害者差別」という言葉に、どのようなイメージを持っているでしょうか。

この本のテーマである「障害者差別」について考えるにあたって、まずは「差別」という言葉を国語辞典で引くことからはじめましょう。

例えば『広辞苑』(第六版)では、〈①差をつけて取りあつかうこと。わけへだて。正当な理由なく劣ったものとして不当に扱うこと。〉〈②区別すること。けじめ。〉といった解説がなされています。

この本が問題とするのは、①の意味としての「差別」です。

「差別」という言葉の辞書的な意味は、「不当な差をつけて取り扱うこと」のようですが、私たちが日々の生活で使う言葉は、国語辞典に示された意味の範囲からはみ出すことも珍しくありません。

「障害者差別」という言葉に関しても、いま右に示した意味以上の語感がまとわりつくことがあります。この言葉を目にして、「障害者の人権を侵害すること」といったイメージを抱く人もいれば、より日常感覚に近いところで、「障害者を冷たくあしらうこと」「障害者に対して嫌悪感や恐怖感をいだくこと」といった事柄を想起する人もいるでしょう。「差別」という問題を考える際、こうした言葉の問題が一つの障壁になります。

この言葉は、「意味の色調」は明確であるのに対し、「意味の輪郭」はとても曖昧です。「特定の人（たち）に対して何か悪いことをする」といったイメージは多くの人と共有できる一方、具体的にどのような言動が「差別」に該当するのか、その範囲や定義を定めようとした途端、意見の一致が見られなくなってしまうのです。

例えば、「身体に障害のある児童から、特別支援学校ではなく地域の普通校に通いたいとの申し出があったが、該当する普通校には専門知識を持った教員がいないため、身体介助などを行う保護者の付添いを入学・登校の条件として提示した」といった事態が起きたと仮定して考えてみましょう。

こうした対応が「障害者差別」にあたるか否かについては、いまこの文章を読んでいる人たちの間でも意見が分かれるのではないでしょうか（この点は後述します）。

そもそも「差別」とは、複雑な社会のなかで、複雑な事情が絡みあった、きわめて厄介な問題です。しかし、そうした厄介な問題を議論するずっと手前の段階で、「差別」という言葉の意味内容を共有できないという事態が生じることがあります。

私たちは、「差別は良くない」という総論で同意するのは容易いのに、具体的にどのような言動が差別にあたるのかといった各論を共有しようとした途端、

「差別と区別は違う」

「差別が嫌悪感や恐怖感といった感情に属するものであれば、それは『内心の自由』だ」

「善意からなされた言動であれば、それを否定的に受け取った側に問題がある」

「悪意のない言動まで差別だとするのは、故意に物事を荒立てている」

などといった意見が出され、見解の一致が難しくなります。

皮肉なことに、「差別」は「悪いことだ」という総論で同意しやすいからこそ、逆に各論で同意が得にくくなるのかもしれません。各論を議論するとは「あなた（わたし）の、その言動は、差別に該当するか否か」について考えることにつながるからです。自身の行ないや価値観に対して「差別だ」と責められることは、誰にとっても心地よいことではありません。誰もが「差別者」として指されたくはありませんから、「差別」という言葉の意味の輪郭をぼやかしておきたいという心理が働くのかもしれません。

†障害者差別解消法

具体的に、どのような言動が、誰に対しての「差別」となるのでしょうか。

やや乱暴な言い方になりますが、こうした枠組みは、その時々の社会の合意によって決まります。

「性差別」や「人種差別」などは、時代と共に認識があらためられ、かつては「差別」と見做されることのなかった言動も、現在では明確な「差別」とされている場合が少なくありません。

これは裏返せば、その社会を構成する人々が合意すれば、曖昧で捕まえにくい「差別」

に対しても、一定の定義や枠組みを与えることができるということです。だからこそ、世界各国で「差別」に対応する法律や条約が作られ、現に横行している差別的言動に歯止めをかけたり、差別的状況を是正したりする試みがなされています。

日本でも障害者差別に関する法整備が進みつつあります。二〇〇六年に国連で採択された障害者権利条約（正式名称「障害者の権利に関する条約」）を、日本は二〇一四年に批准しました。そして、二〇一三年には障害者差別解消法（正式名称「障害を理由とする差別の解消の推進に関する法律」。以下、解消法と表記）が制定され、二〇一六年に施行されました。

解消法は、何もないところから突然生まれたわけではありません。また、社会の多数派である「障害者でない人たち」が、社会の少数派である「障害者」のことを慮って作った法律でもありません。この法律が成立・施行に至るまでに、障害がある人もない人も、社会の中で共に等しく生きていくことを求め続けた多くの障害当事者たちがいることを忘れるべきではありません。

解消法では、行政機関や民間事業者等が、障害者に対して正当な理由なく、障害を理由に差別することを禁止する（「不当な差別的取り扱い」の禁止）とともに、障害者から何らかの対応を求められた際に、過度な負担にならない範囲で機会の平等を保障するために努めること（「合理的配慮」の提供義務）が求められています。

もちろん、こうした法律ができたからといって、すぐにこの社会から「障害者差別」が「解消」されるわけではないでしょう。また「不当な差別的取り扱い」や「合理的配慮」の詳細な内容については、これから社会全体で合意形成をすすめ、この法律をより良いものへと育てていく必要があります（ちなみに、先に例示した「保護者の付添を条件として障害児の登校を認める」といったケースは、学校側の解消法違反になります）。

「差別」に関する問題が報じられると、「差別する意図はなかったから差別でない」といった主旨の発言を目にすることがあります。こうした発言は何回聞いても毎回驚いてしまうのですが、たとえ個々人の内心で「差別への意図」がなかったとしても、この社会の中に「特定の人たちに対して不利益を与える構造」が存在しているのであれば、それは是正しなければならないはずです。

そうした構造に無自覚だったり、是正する必要性を感じないという人がいるのであれば、その人は「差別に荷担した」と見なされてしかるべきだと思います。

余談ですが、解消法成立直後、知人のある障害当事者が本当に喜んでいたことが印象的でした。

それまでは、日々の生活で理不尽な扱いを受けた際、「差別なのでやめてください」と訴えても、「差別ではなく区別だ」とか「受け取り方の問題だ」とはぐらかされてきたけれど、この法律ができたことにより「解消法違反なのでやめてください」と、はっきり伝えることができるようになったからだ、というのです。

†障害者は「不幸」なのか?

解消法が施行されたことで、私たちが生きるこの社会は、障害者差別を乗り越えるという目的に向かって、確実に前進しているものだと思っていました。

何が障害者への差別にあたるのかについても、これから具体的な事例が積み上げられていき、合意形成が図られ、それに合わせて法制度が整えられたり、研修や啓発活動などが進められていけば、私がこれまで年配の障害者たちから聞いてきたような差別(障害者への嫌悪感が露骨に表現されたり、障害者の尊厳が公然と辱められたりするような事態)は、過去の遺物になっていくだろうと思っていました。

しかし、「差別を解消するための法律を作れば、そのうち差別は克服される」といってしまえるほど、この社会は単純な仕組みにはなっていないようです。

二〇一五年一一月、茨城県で教育委員を務めていた某人物の発言が物議を醸しました。特別支援学校を視察した経験を踏まえ、障害児の数が多いと大変なので、妊娠初期の段階で（つまり出生前診断による中絶などで）障害児の数を減らせないか、といった主旨の発言を公の場でしたのです（『朝日新聞』二〇一五年一一月一九日）。

おそらく、この委員は、単純に障害児が「不幸」で「可哀想」であり、障害児を育てる親や関係者のことを「気の毒」だと思ったのでしょう。ご本人なりの「善意」や「同情」からなされた発言だろうと思います。

かつて（例えば一九七〇年代頃まで）は、こうした発言が公職者からなされたり、大手メディアに掲載されたりすることは珍しくありませんでした。しかし、現代に至って、こうした発言は社会的に容認されないもの（容認されるべきではないもの）として認識されるようになりました（こうした発言が「容認されるべきではない」と認識されるようになったのは、いつ頃からで、どのような事情があったのでしょうか。本書は、こうした経緯について考える本でもあります）。

妊娠や出産は個人の私事に属する事柄であり、公職者がむやみに干渉すべきではありません。

また、ある人の生きる姿を捉えて、それが幸か不幸かを決める権限は誰にもありません。もしも障害児が「不幸」だというのであれば、問われるべきは障害児を「不幸」にしてしまう（障害児を「不幸」と決めつけてしまう）社会の仕組みや価値観の方です。「障害児が多いと大変なので障害児の数を減らす」という考え方をすれば、障害児を受け入れ（られ）ない社会の側の問題を、個々の障害児に押しつけるということになり、結果的に「障害者を排除する社会」へと拍車をかけることになります。

この委員の発言に対しては、すぐさま各方面から批判が起こり、本人も発言を撤回・謝罪して、辞任にいたりました（『朝日新聞』茨城版、二〇一五年一一月二五日）。解消法の施行を控えた二〇一五年という時期に、公職にある者（特に教育に関わる者）から、こうした主旨の発言が出てきたのは悲しいことです。

解消法という法律ができても、それまでの旧弊な価値観を克服していくのには時間がかかります。また、この法律自体、社会での認知度が極めて低いという課題もあります。あるいは、そもそも法制度によって人々の持っている価値観を変えていくことはできるのか（人々の価値観を変えるための手段として法制度はふさわしいのか）という点も議論の的になるでしょう。

ただし、重要なのは、私たちの社会は「障害者差別」を「解消」することを法律として掲げたということであり、これから「してはならないこと」の輪郭を定め、それがより良いものとなるように、議論し続けることを社会の約束事として共有したという点です。

こうした議論を蓄積していくことは、決して無意味なことでもなければ、無力なことでもありません。この点は何度でも強調しておく必要があります。

しかし、解消法が施行された二〇一六年、こうした努力や、努力しようとする意志を根底から否定する事件が起きました。神奈川県相模原市で起きた「相模原障害者施設殺傷事件」（以下、相模原事件と表記）です。

†誰かが殺されても気にならない社会

相模原事件については、まだまだわからないことも多く、この場で軽々に論じることはできません。また、本書は相模原事件自体について検討することを目的とはしていませんので、いま、この場で言えることのみを記述しておきます。

相模原事件は、重度障害者が生存すること自体を、露骨かつ公然と否定しました。被告人（本書執筆時における当人の立場）は、「障害者は生きる意味がない」「障害者は不幸を生みだすだけ」といった主旨の発言を繰り返し、そうした凶行を実行しました。

そして、事件の様子が報道されるや、被告人の価値観に共鳴する言葉がソーシャルメディアにあふれ、それ自体が一つの社会問題にもなりました。この時、ネット上で飛び交った言葉の中には、「障害者との共生などしたくない」と言わんばかりの乱暴な言辞も少なくありませんでした。

付け加えるならば、被告人は犯行前、立法府の長である衆議院議長宛に、ほとんど「犯行予告」とも受け取れる手紙を届けています。その中には、行政府の長である内閣総理大臣への親愛めいた言葉も綴られていました。こうした行動がなされた以上、私は相模原事件に対して、国会で毅然とした非難決議がなされるはずだと思っていましたが、結局、そうした決議がなされることはありませんでした。

相模原事件については、公職者だけでなく、私たち市民一人一人も、この惨事を真摯に受け止めようとする意志が不十分であるように思えてなりません（これは多分に自戒を込めて申し上げます）。

この事件は障害者施設という「遠いところ」で、「異常な人間」が起こした「例外的な事件」として受け止められ、他人事として考えられている節があります。

事実、事件から三年を経てNHKが行なった世論調査では、事件のことを約五人に一人が「あまり覚えていない」「全く覚えていない」と答え、二〇代以下の若者に関しては、半数近くが「覚えていない」と答えたとされています（本事件についてNHKが開設したウェブサイト「19のいのち――障害者殺傷事件」より）。

私たちが生きるこの社会にとって、否、他ならぬ私やあなたにとって、障害者が殺されることは「他人事」なのでしょうか。相模原事件は一部の障害者、障害者家族、福祉関係者にとってのみ深刻な問題であり、それ以外の人間には無関係なことなのでしょうか。

しかし、この事件を「他人事」と思った瞬間、私たちは「特定の人たちが殺されても気にならない社会を生きている」ということを肯定することになってしまいます。

そんな社会の無関心という壁の向こうで何が起きるかを想像してみてください。自分や自分の大切な人が、壁の向こう側に押しやられない保障など、どこにもありません。

そして、特定の人たちを無関心という壁の向こう側に追いやることは、「差別」以外の何ものでもないのです。

†相模原事件後の世界を生きるために

相模原事件の直後、私は、ある方とお話しさせていただく機会を得ました。長らく神奈川県内で脳性マヒ者の当事者運動に取り組んでいる渋谷治巳さんです。
ご自身、脳性マヒ者である渋谷さんは、次のような気持ちを話してくださいました。

ここのところ、「いつか障害者が無差別殺人の被害に遭うのではないか」という予感を持っていた。でも、それは通り魔事件のようなものをイメージしていた。それが、このような最悪な形で現実になってしまった。

相模原事件より以前から、この社会では、特定の人たちへの憎悪を露骨にあらわす活動が「日常」にまで侵食してくるようになっていました。例えば、生活保護バッシングや在日外国人へのヘイトスピーチなどがそうです。いまや、そうした言動はネット空間だけでなく、親子連れが行き交うような街中や、閑静な住宅地などでもなされるようになっています。
こうした風潮が、「いつか障害者が無差別殺人の被害に遭うのではないか」という恐怖感として、障害者の日々の生活を脅かしていたことを知り、衝撃を受けました。確かに、言論による暴力と物理的な暴力との間には、紙一枚分くらいの距離しかありません。些細なきっかけさえあれば、言葉はいつでも拳に換わり得ます。

相模原事件は、こうした不安を一気に「現実のもの」へと変えてしまいました。

少し混み合った電車に車椅子で乗り合わせたというだけで、急いで歩く人が多い道をゆっくりとしか移動できないというだけで、ただそれだけのことで暴力を振るわれるかもしれない――相模原事件の後、こうした不安に襲われることがあるという話を、障害のある知人から聞く機会が度々ありました。

思えば、二〇一〇年代後半の数年だけでも、社会の多数派ではない人たちに対する不寛容な価値観が噴出するような事例が立て続けに起こっています。性的少数者への差別（LGBTは「生産性がない」発言など）、女性に対する性暴力や差別的待遇（某医大入試など）、新基地建設をめぐって無視され続ける沖縄の民意、入国管理局による外国人への人権侵害、劣悪な環境で働かされる外国人技能実習生、官公庁による障害者雇用水増し問題などがそうです。

解消法のような法律ができ、障害者が生きていくための社会資源が整えられていく一方で、そうした努力の蓄積をひっくり返すような事件が起き、障害者が日々の暮らしで不安を覚えるような空気感が漂う——。

国籍、言語、文化、習慣、信仰、年齢、身体の特徴（障害・病気など）、出身地、性別、家族構成など、様々に異なる事情を抱えた人たちが共に生きる「ダイバーシティ（多様性）社会」が目指される一方で、街頭、職場、学校、ネットといった日常の生活空間では、マイノリティへの不寛容な価値観が荒々しく噴出していく——。

こうした混沌とした時代状況の中で、私たちは「障害者差別とは何か」という問題について、一から考えなければなりません。


とはいっても、そもそも「障害者差別とは何かについて一から考える」とは、具体的にはどういうことで、どのような作業が必要になるのでしょうか。

様々な議論の仕方があり、多くの視点から検討されることが必要だと思いますが、私は「障害者差別が問われた原点のことを調べ直し、現代に通じる問題を見つける」という方法をとりたいと思います。

過去、「差別」を乗り越えようとして引き起こされた抗議運動は、多くの場合、「社会の常識」に対する異議申し立てというかたちをとって現れました。「障害者差別」を乗り越えようとする運動も例外ではありません。

私たちが生きるこの社会にも、障害者本人たちが、障害者抜きに作られた「常識」に対して、異議申し立てを行なってきた経緯があります。本書では、そうした人々の運動を振り返るという作業を行なっていきます。

この社会では、過去に、どのような行為や価値観が「障害者差別」だとして、障害者たちからの怒りを招き、批判されてきたのでしょうか。障害者たちは、どのような行為や価値観を「障害者差別」だと認識し、怒りを覚えてきたのでしょうか。

こうした過去の事例を振り返ることを通じて、もう一度、「障害者差別とは何か」について考えていきたいと思います。

第一章　「差別」と闘いはじめた人々

本書では、この社会で過去に起きた障害者たちによる異議申し立ての事例について考えていきたいと思います。ただし、この問題設定では漠然とし過ぎているので、本論を進めるにあたって、何らかの枠組みを用意しなければなりません。

そこで本書は、ある一つの障害者団体の活動を軸に話を進めていきたいと思います。それが「日本脳性マヒ者協会 青い芝の会」です。

青い芝の会とは、一九五七年に結成された脳性マヒ者たちによる運動団体です。なぜ、この団体について検討することが、「障害者差別とは何かについて一から考える」ことにつながるのでしょうか。

結論から書いてしまえば、同会は障害者自身が主体となり、障害者差別に対して毅然と闘う姿勢を見せたはじめての運動団体だったからです。「障害者差別と闘うとはどういうことか」「そもそも、闘うべき障害者差別とは何なのか」といった問題を考える際、同会の事例は大変貴重なのです。

†声を上げはじめた人々

まずは、青い芝の会が結成されるに至った背景と、実際に起こされた主要な抗議行動について概説したいと思います。

脳性マヒ（しばしば〝CP〟〔Cerebral Palsy〕と略されます）とは、脳が何らかの原因によって損傷を受け、身体機能に後遺障害が生じた状態を指します。

主に手足の麻痺（痙攣・硬直）や、不随意運動（アテトーゼ＝自分で自分の身体をコントロールしにくい状態）が現れるのですが、程度には個人差が大きく、ほとんど寝たきりとなる人もいれば、歩くときに足を引きずる程度の人もいます。

言語障害を伴う人も多いですが、これも個人差が大きく、発語に時間のかかる人もいれば、ほとんど不自由なくしゃべれる人もいます。場合によって知的障害を伴うこともあります。

青い芝の会は、こうした障害のある人たちによって結成された団体です。会の結成を報じた『朝日新聞』（一九五七年一〇月一二日）の記事には次のようにあります。

> 三人の脳性マヒ患者がこんど「青い芝」という名の会をつくった。脳の運動中枢の障害から来るこの病気は、ほとんど口も手足も満足に動かない。本人も人目を避けるし、家族も家のなかに閉じこめがちだ。「そんなことではいけない。みんな胸を張って外に出よう。たがいに腕を組み合って明るく生きてゆこう」というのがこの会で、患者自身でこんな会をつくったのは全国ではじめてのことだ。（中略）「青い芝」とはふまれてもふまれても、芝のように明るくのびてゆこうという意味だという。
>
> （「明るく育て〝青い芝〟の会」）

明るく育て"青い芝"の会
不自由な手を結び
立上る脳性マヒ患者たち

青い芝の会結成を伝える記事
『朝日新聞』1957年10月12日朝刊11面

青い芝の会が結成された頃の時代背景を整理しておきましょう。

一九五六年の『経済白書』に「もはや戦後ではない」と記されたのは有名な話です。この時期、日本は戦後復興期から高度経済成長期へと突入します。

一九六〇年には池田勇人内閣によって所得倍増計画が打ち上げられ、以降、日本は年平均一〇％という驚異的な経済成長を続けると共に、東京オリンピックや東海道新幹線開通などの華々しい国家事業が相次ぎ、多くの国民が経済的な豊かさを享受しました。

しかし、こうした華やかな成長の反面、農林水産業など第一次産業に従事する人口は減少し、都市部への人口流入とホワイトカラー層の増大、農村部の共同体の弱体化、大家族の減少と核家族の増加といった社会構造の変化が進みました。また、この時期には、高度成長の弊害ともいうべき公害や薬害が大きな社会問題になりはじめました。

一九五〇年代後半〜六〇年代は、福祉業界においても重大な転換期でした。各障害種別の団体が相次いで結成されたのです。これらの団体の多くは、障害者の親（家族）や、その親たちを支援しようとする福祉・教育・医療の専門家らが中心となったものでした。

この時期、障害者の親たちが立ち上がった背景には何があったのでしょうか。シナリオライターの松山善三が『婦人公論』（一九六一年九月号）に寄稿した「小児麻痺と闘う

結成年	名称
1952年	精神薄弱児育成会（手をつなぐ親の会）
1961年	全国肢体不自由児父母の会
1963年	サリドマイド児の保護者の会
1963年	全国心身障害者をもつ兄弟姉妹の会
1963年	全国言語障害児をもつ親の会
1964年	全国重症心身障害児（者）を守る会
1965年	全国精神障害者家族会連合会
1966年	脳性マヒ児を守る会
1967年	自閉症児親の会
1967年	全国ヘモフィリア友の会
1967年	全日本視力障害者協議会
1967年	サリドマイド被害児を守る会
1967年	全国スモンの会

1950〜60年代に結成された障害者（児）関連団体一覧
杉本章『障害者はどう生きてきたか——戦前・戦後障害者運動史』（増補改訂版、現代書館、2008年）より作成

人々」という文章は、当時の空気感を知る上で、とても参考になります。

松山は、医療・福祉施策の進んだアメリカと、そうでない日本とを比較して、〈日本では、小児マヒと闘うのは子供を抱いた母親の姿だが、米国では医師その人である。子供を抱いた母親の姿は悲壮だが、戦争中の竹槍を持った兵士に似ている〉（傍点原文）と書いています。

この頃、家族に重度障害者（児）がいる人たちは、文字通り〈竹槍を持った兵士〉のような状況にありました。当時の身体障害者福祉法は、更生や社会復帰を基本理念としていたため、生産活動の見込めない（つまり身体機能の改善を見込めない）重度

障害者（児）は対象外となっていたのです。

特に身体障害と知的障害（当時の名称は「精神薄弱」）を併わせもつ重症心身障害児たちは、極めて厳しい状況にありました。当時の制度では、この二つが縦割りに設計されていたため、両方を備えた子どもは、どちらの救済対象にもならず、かといって重い障害があるため児童福祉法の対象にもならなかったのです。

水上勉
写真提供：共同通信イメージズ

こうした子どもと家族を守るために、草野熊吉（家庭裁判所調停委員・一九〇四～九九年）、小林提樹（小児科医・一九〇八～九三年）、糸賀一雄（社会福祉家・一九一四～六八年）といった篤志家による壮絶な努力によって、「秋津療育園」（一九五八年開設）、「島田療育園」（一九六一年開設）、「びわこ学園」（一九六三年開設）といった施設が開設されましたが、収容者数は圧倒的に不足し、国からの補助も頼りない状況にありました。

当時、国民的な人気を誇った推理小説家・水上勉（一九一九～二〇〇四年）が、この問題について言及しています。水上は二分脊椎症（当時の名称は「脊椎破裂」）のある娘を持ったことで、福祉問題に強い関心を抱くようになりました。

水上が最も気にかけたのは、この国の貧弱な福祉予算についてです。水上は池田勇人首相に宛てた公開書簡「拝啓池田総理大臣殿」（『中央公論』一九六三年六月号、以下「拝啓」と表記）の中で、島田療育園の名を挙げて次のように〈激怒〉しています。

総理大臣。私は、あなたに私の泣きごとをかいてみたかったのではありません。私は、重症身体障害者を収容する島田療育園に、政府が、たったの二割しか補助を行なっていないことに激怒したからなのです。政府が、今日まで、あのオシや、ツンボや、盲やのかわいそうな子供たちが、施設からしめ出しを喰って、収容されている療育園に、これまで助成した金は、二年間にわたってたったの一千万円でした。（略）私が本年一年におさめる税金の一千一百万円よりも少ないのです。

時の流行作家による寄稿の影響力は、政府としても無視できなかったのでしょう。水上の文章に対し、内閣官房長官・黒金泰美が「拝復水上勉様」という返答を寄稿し（『中央公論』一九六三年七月号）、福祉業界には「拝啓ブーム」が起きたと言われています。

高度経済成長なるものの裏側で、社会から置き去りにされた障害者（児）の親たちが、社会保障の充実を求める切実な声を上げはじめたのです。

†コロニーの建設

この時期、障害者（児）の親たちが強く求めたのは、障害者（児）が長期的に生きていける入所施設の建設でした。「自分たちが亡くなった後、わが子をどうすればよいのか」といった心配は、多くの親たちが共有する最大懸案事項だったのです。

一九六五年、佐藤栄作首相の諮問機関であった社会開発懇談会は、中間報告で、軽度障害者はリハビリテーションによって社会活動に復帰させ、一般社会への復帰が難しい重度者は大規模施設に収容する方針を示しました。これを機に、いわゆる「コロニー構想」が立ち上がったのです。

「コロニー」とは、もともとは「植民地」「移住地」「移植地」を意味する言葉ですが、そこから転じて〈保護、治療、訓練などのため地域社会から隔絶された人たちの施設の総称〉を指すようになりました（『日本大百科全書』「コロニー」より、岩永理恵執筆箇所）。

当時の新聞を確認すると、「コロニー」には〈障害児の村〉という形容が付いたり、〈総合保護施設〉とルビがふられたりしています（「身障児対策を推進」『朝日新聞』一九六五年九月五日）。〈村〉〈総合保護〉という言葉から察せられるとおり、多くの障害者を長期にわたって収容することを想定した施設です。

こうして一九六〇年代末から七〇年代にかけて、重度心身障害者を収容するための施設が立て続けに建設されていきます。当時建設された「東京都立府中療育センター」（一九六八年）、「愛知県心身障害者コロニー」（一九六八年）、「大阪府立金剛コロニー」（一九七〇年）、「のぞみの園」（群馬県高崎市・一九七一年）などの施設は、その多くが街中から離れた郊外に位置する大規模なものでした。

現在では、「ノーマライゼーション」という観点から、重い障害のある人も街中で生活できるように環境を整えていこうという考えが主流となって久しいのですが、当時は、障害者（児）を抱える家族の苦しみに寄り添い、障害者（児）を専門の福祉施設へと入居させることが強く求められていたのです。

例えば、「のぞみの園」建設の進捗状況を伝える『朝日新聞』（一九七〇年一〇月一一日）の見出しは、当時の空気感を象徴的に表しているでしょう。

〝障害者の楽園〟完成へ　国立コロニー受入れ準備も始る

なお、この記事の冒頭は次のような一文からはじまっています。

身体障害児を持つ作家、水上勉氏の「拝啓総理大臣殿」の訴えがきっかけになって、群馬県高崎市に建設されることになった国立身障者コロニーが、九分通り完成した。

水上勉の「拝啓」と、このコロニー建設計画との間に、どこまで直接的な影響関係があったのかは定かではありません。しかし、少なくともこのような記述から、切実な親の声に応えるかたちでコロニー建設が進められたという一面は確認できるでしょう。

†青い芝の会の誕生

先に紹介した松山善三は、障害児の母を〈竹槍を持った兵士〉に喩えていました。一九六〇年代当時、この表現は人々の心に生々しく響いたはずです。多くの人が、アジア太平洋戦争末期に、絶望的な状況に追い込まれた国民の悲壮な姿を思い浮かべたことでしょう。

ここまで追い詰められた人が苦しくないわけがありません。しかし、追い詰められた人に支えられながら生きねばならない人も苦しいはずです。当時の家族介護の壮絶さを、介護される障害者の立場から詠んだ詩を二編紹介しましょう。

母よ
不具の息子を背負い
幅の狭い急な階段を
あえぎながら這い上がる母よ
俺を憎め
あなたの疲れきった身に
涙しつつかじりついている
この俺を憎め

（比久田憂吾「母にむかいて」一部）

わたしの朝は母を呼ぶことで明け

わたしの夜は母を呼ぶことで更けてゆく
あまりにも長く　あまりにも多くくり返されてきた
これは愛ではない　血の営みだ

（しののめ編集部『脳性マヒの本』）

どちらも重度脳性マヒ者による詩です。

前者の詩は、『しののめ』という文芸誌に掲載されました。この雑誌は障害者自身の手で創刊・運営された同人誌です（一九四七年創刊）。発行元である「しののめ」という団体は、一九五〇〜七〇年代を中心に、活発な言論・出版活動を展開しました。『しののめ』という雑誌自体は、一般の市場に出回ることは少なく、現在も国立国会図書館や東京都立多摩図書館といった専門的な図書館でしか閲覧することができません。しかし、この「しののめ」同人たちの中から、後に紹介するような障害者運動家が数多く輩出されました。その意味では、障害者運動の業界に大きな影響力を有した文芸同人団体です。

後者の詩が掲載された『脳性マヒの本』も、この団体が発行したブックレットです。脳性マヒ者本人が「脳性マヒ」という障害を解説したはじめての本であり、記念碑的な意義のある一冊です。

障害者（児）の親たちが〈竹槍を持った兵士〉のような極限状態にあることが社会問題化し出した頃、その〈兵士〉に抱えられた障害者本人たちも、生きづらさを自分たちの言葉で表現しはじめていました。

右の詩にある〈俺を憎め〉〈血の営み〉といった悲壮感のこもった言葉には、当時の障害者とその家族の置かれた苦境がにじんでいるように思います。誰にも頼れず、周囲から孤立した状態で奮闘し、また孤立するが故に親子の密着度を増し、息苦しさを増していく――こうした状況に置かれた障害者たちの不安や生きづらさの受け皿となった団体が、本書で中心的に採り上げる青い芝の会だったのです。


では、青い芝の会設立の経緯について、簡単にまとめておきましょう。

同会は、日本ではじめて開設された公立の肢体不自由児学校「東京市立光明学校」（一九三二年開校、現在の東京都立光明学園の前身）の卒業生だった山北厚・高山久子・金沢英児という三名の脳性マヒ者を発起人とし、東京都大田区で結成されました（なお、この三名は、右に見た「しののめ」の主要同人でもありました）。

初代の会長に選出された山北厚は、開会の挨拶で次のように述べています。

従来、私たち脳性マヒ患者はその間に殆んど何等の連がりもなく、個々別々に自分の身について一人思い悩んでいる状態で、その悩みをお互いに腹臓《ママ》なく打明け合う共通の場を持って居りませんでした。(略)

社会の片隅に引込んで向うから手を出してくれるのを待っていたのでは、何時まで経っても手を出してはくれないのであります。現代においては、こちらから積極的に働きかけることが必要なのであり、それをより効果的にするには、やはり、全国的な強い組織を持つ団体となる必要があるのであります。

(山北厚「会長となって」)

創立当初の青い芝の会員は、光明学校の卒業生で、比較的裕福な家庭で育った障害者たちが多く、活動内容も、レクリエーション、お茶飲み会、女性のための編み物教室、就学機会を得られない脳性マヒ児のための塾の開設など、親睦や互助に力を入れたものでした。

当時、障害者の多くは、自宅(親元)での家族介護に頼って生活していましたが、場合によっては「座敷牢」のようなかたちで部屋の奥深くに押し込まれ、近所づきあいはおろか、親類や家族の冠婚葬祭にも出られないといったことも少なくありませんでした。

こうした状況を懸念した脳性マヒ者らによって、青い芝の会は結成されました。青い芝の会員は、養護学校の卒業生名簿などを参照したり、人づてに障害者のいる家庭の存在を聞いたりしては、家庭訪問や文通によって新規会員を集めていったようです。

親睦団体としてスタートした同会は、一九六二年に第二種社会福祉事業団体として認可されました。この頃から、活動内容の幅も広がっていきます。脳性マヒ者たちが生活するためには圧倒的に社会資源が足りない時代でしたから、彼らが生きていくためには、どうしても社会状況を改善する必要が出てきます。そこで青い芝の会の活動にも、行政への陳情など社会問題への対応が加わっていきました。

彼らの主な懸案事項は、障害福祉年金の増額や、身体障害者福祉法に定められた障害等級認定の見直しなどでした。特に後者の障害等級認定は、脳性マヒ者にとっては切実な問題でした。

もともと戦後の障害者福祉制度は、傷痍軍人を対象とした施策をもとに作られました。身体障害者福祉法の制定（一九四九年）にあたっても、傷痍軍人をいかに処遇するかは大きな課題であり、同法の障害等級評価（障害の重い・軽いを判断する基準）も、軍人恩給診断の基準が踏襲されました（江藤文夫「身体障害者手帳制度に関する最近の話題」）。

そのため当時の障害等級評価では、「麻痺」よりも「欠損」の方が重度と判定される制度設計になっており、脳性マヒなどの全身性障害者は、四肢の（一部）欠損よりも「障害が軽い」と判定される事態が生じていたのです。

脳性マヒ者たちが結束して、青い芝の会のような運動団体を作らざるを得なかった背景には、こうした事情も存在したのです。

一九六〇年代末頃までは、こうして細々と、しかし重要な活動をしていた青い芝の会ですが、一九七〇年代に至ると、一躍全国的に名を知られる団体になりました。

もともと同会は支部制度を採用しており、関東を中心に小さな支部がいくつか存在していましたが、一九六九年に、その後の障害者運動に多大な衝撃を与えた支部が結成されたのです。

それが青い芝の会神奈川県連合会です。

神奈川県連合会は、それまでの障害者団体とは一線を画していました。従来の団体が、主に陳情・啓発・親睦・互助といった活動に力を入れていたのに対し、神奈川県連合会は障害者差別に対する直接的な抗議行動を数多く繰り広げ、社会に衝撃を与えたのです。

また、彼らの活動が『さようならＣＰ』（原一男監督、疾走プロダクション、一九七二年）というドキュメンタリー映画になり、広く自主上映活動が行なわれたことにより、青い芝の会の支部が各地に展開していきました。早くも一九七三年には、日本脳性マヒ者協会全国青い芝の会総連合会が結成されるに至っています。

青い芝の会の広がりと軌を一にして、脳性マヒ者以外の障害者運動も活性化しました。一九七六年には障害種別を超えた全国規模の障害者団体である全国障害者解放運動連絡会議（略称「全障連」）が結成されるに至り、反差別運動が熱く盛り上がりました。

青い芝の会の広がりと、全障連の結成がなされた一九七〇年代後半は、障害者たちが主体となり、

青い芝の会神奈川県連合会
©疾走プロダクション（横塚晃一『母よ！殺すな』生活書院より転載）

「障害者差別とは何か」といった問題が激しく議論された時期だったと言えるでしょう。

本書では、その火付け役ともいうべき役割を果たした神奈川県連合会の運動を詳しく見ていくことにします。

†青い芝の会が闘ったもの

先に述べたように、青い芝の会は支部制度を採用していたため、各地に支部が存在しました。また支部ごとに特色ある活動を行なったことも、同会の特徴の一つです。

したがって、本来は「青い芝の会」と一括りにはできない多様性を持っているのですが、本書では表記の煩雑さを避けるため、以下、特に断りなく青い芝の会と表記する場合は神奈川県連合会のことを指し示すものとします。

また、同会結成以前の草創期の青い芝の会は、神奈川県連合会と区別するために初期青い芝の会と表記します。

青い芝の会は、一九七〇〜八〇年代を中心に、障害者差別を糾弾する様々な抗議行動を行ないました。これらの運動は、従来の「障害者」や「障害者運動」のイメージを覆す画期的な取り組みでした。

現在、「障害者差別とは何か」について議論する際に踏まえられる基本的な論点が、これらの抗議行動の中から生み出されたと言っても過言ではありません。

同会の中心的な活動を左に整理しましょう。

① 障害児殺害事件に対する減刑嘆願反対運動（第五章で詳述）

一九七〇年五月、神奈川県横浜市で、重度障害（脳性マヒ）のある子どもが、育児・介護に疲れた母親によって殺されてしまうという事件が起きました。

事件後、母親に同情した周辺住民や、同じく障害児をもつ親たちから、「可哀想な母親にこれ以上ムチ打つべきではない」「障害児の入居施設が足りないのが悲劇の原因」といった主張がなされ、母親の減刑を求める署名活動が行なわれました。

この動きに対し、青い芝の会は、「障害者を殺害した母親が無罪もしくは減刑になれば、障害者はいつ殺されるかわからない」「親の立場からのみ施設の必要性が訴えられている」といった主張を掲げ、母親への減刑嘆願に反対し、厳正な裁判を求めました。

この運動においては、障害者への差別が「同情」や「愛」などによってカモフラージュされること、そうした「同情」や「愛」によって障害者が殺されてしまうこと（殺されることさえ美化されてしまうこと）、親の立場からのみ障害者施設の必要性が訴えられていること、「障害者は生きていても不幸になるだけ」と一方的に決めつけられてしまうこと、などの問題が提起されました。

② 優生保護法改悪反対運動および「胎児チェック」反対運動（第七章で詳述）

一九七二〜七四年、時の政府は、妊婦が人工妊娠中絶し得る要件を定めた優生保護法（現在の母体保護法の前身）に、胎児に先天的な障害が見つかった場合にも中絶を可とする「胎児条項」を導入しようとしました。それに対して青い芝の会は、胎児の段階から障害者を排除しようとする「障害者抹殺の思想」のあらわれだとして反対運動を展開しました。

また、一九七〇年代には、生殖技術の発展にともない、いくつかの自治体では妊婦への「胎児チェック」（羊水を採取・分析して胎児に染色体異常に由来する障害がないかをしらべる検査）の導入が進みました。

「胎児チェック」を進めようとする論調の中には、障害児が生まれること（障害児を産むこと）を、一方的に「不幸」だと決めつけるものが少なくありませんでした（有名なものに、兵庫県が行なった「不幸な子どもの生まれない運動」があります)。

青い芝の会は、こうした世論に対して強く抗議しました。特に地元の神奈川県では、県立病院での羊水検査に反対して県庁へ座り込むなどし、結果的に、神奈川県立病院では今後一切検査を中止する旨の知事確約を取りつけるまでに至りました。

胎児の障害の有無を調べることは「命の選別」になってしまうのではないか。障害をもつ人間が胎児の段階から中絶されれば、それは障害者が生きることそのものを否定することになってしまうのではないか。ある特定の障害がある人間を「これから生まれないようにすること」は、いま現在、その障害と共に生きている人間を差別することにつながるのではないか。こうした論点が、これらの運動を通じて提出されました。

③ 川崎バス闘争(第六章で詳述)

一九七七〜七八年にかけて、当時青い芝の会の事務所があった神奈川県川崎市内で、車椅子利用者のバス乗車が拒否される事案が立て続けに発生し、同会とバス会社との間で対立が生じました。

両者の対立点は、表面的にはバスの利用方法(乗車方法)にありました。

バス会社は、車椅子利用者が乗車する場合は必ず介護人が付添い、車椅子を畳んで座席に移ることを求めたのに対し、青い芝の会は、車椅子での外出に常に介助者がつけられるわけではなく、座り慣れないバスの座席に移るより、座り慣れた車椅子のまま乗車して固定した方が安全だと主張しました。

しかし、両者の対立をより理念的な次元で捉えると、車椅子利用者のバス乗車を恩恵的に認めようとするバス会社と、日常生活における当然の営みとしてバスに乗りたい青い芝の会の衝突、という構図が見えてきます。

現在も、車椅子での公共交通機関の利用について議論がなされる際、恩恵的な視点から話を進めようとする価値観に接します。つまり、車椅子での利用者は、他の乗客の迷惑にならない範囲でならば乗ってもよい（乗せてあげてもよい→だから遠慮がちに乗るべきだ）といった視点です。

しかし、青い芝の会が求めたのは、普通の人が普段バスに乗るように、自分たちもバスを利用したいということでした。

この問題については、青い芝の会と、バス会社・労働組合・自治体・運輸省（当時）との間で話合いが持たれましたが、まったく事態が好転する様子が見えないことから、当時の川崎市内では車椅子のまま強引にバスに乗車するという抗議行動が行なわれました。

④　養護学校義務化阻止闘争

文部省（当時）は、一九七二年度を初年度として、七カ年計画で〈全対象学齢児童生徒を就学させるのに必要な養護学校の整備を図ること〉を目的とした〈特殊教育拡充計画〉を発表しました（文部省『学制百二十年史』）。いわゆる「養護学校義務化」です。

この背景には、教育基本法で定められた「教育の機会均等」の理念があります。それまで障害のある子どもたちは、義務教育を猶予・免除する措置（就学猶予・就学免除）がとられることが多く、小学校や中学校にさえ通えない子どもが少なくありませんでした。

そうした現状を是正し、就学猶予・免除の子どもをなくすための施策として養護学校義務化が登場したのです。

これについては、各種障害者団体、障害児をもつ親の会、医療・福祉・教育関係者の団体などの間で激しい議論が交わされました。障害のある子どもは養護学校のような場所で、障害児教育の専門家から個性に合わせた特別な教育を受けた方がよいという立場と、障害のある子どもも、障害のない子どもたちと同じ場所で共に教育を受けた方がよいという立場がぶつかり合いました（前者のような考え方を「発達保障」、後者のような考え方を「共生・共育」と言いました）。

養護学校義務化に対して、特に強硬に反対を唱えたのが青い芝の会でした。養護学校は障害児を地域の人間関係から隔離・排除することになるとして、全国の青い芝の会が一丸となって反対運動を展開したのです。その運動は、障害児の転入学を拒否した小学校への抗議行動や、文部省や各県教育委員会への座り込みなど、激しい実力行使を伴いました。

この運動では、現在よく耳にする「インクルーシブ（統合）」あるいは「ダイバーシティ（多様性）」といった理念に通じる問題が提出されています。教室・学校・社会には、様々な背景、多様な事情を持った人たちがいる。そうした個々の背景・事情を重んじながら、異なる人たちが共に生きていける社会を形成していくことの重要性を唱える概念です。

以上、青い芝の会が展開してきた主要な抗議行動の概要を示しました。

同会が起こしたこれらの抗議行動は、当時は「過激」なものとして受け止められ、青い芝の会と言えば「話の通じない人たち」と見なされたり、到底受け入れられない主義主張を唱えていると批判されたりしました。

しかし、現時点から振り返れば、こうした抗議行動がきっかけとなり、その後「障害者差別とは何か」について考えるための議論が大きく進んだことも事実です。「障害者差別」と闘ってきた団体は青い芝の会だけではありませんが、障害者本人が「障害者差別と闘う」という姿勢を示しはじめたのは、青い芝の会が大きな契機となったことは事実です。その意味で、同会の功績は決して無視できません。

では、当時、多くの人から「過激」と受け止められた抗議行動を起こした脳性マヒ者たちは、具体的には、どのような人たちであり、どういった思想を持っていたのでしょうか。

第二章で考えましょう。

第二章

障害者のままで生きる

第一章でみたとおり、青い芝の会は、主に一九七〇～八〇年代にかけて障害者差別への抗議行動を起こしました。こうした行動をとった脳性マヒ者たちは、どのような人物であり、どういった思想の持ち主だったのでしょうか。

本章では、こうした点について考えます。

†青い芝の会はどこから来たのか

青い芝の会に所属し、第一章で紹介した数々の運動を担った主要メンバーは、横田弘、横塚晃一、小山正義、矢田龍司といった脳性マヒ者たちでした。彼らには特異な共通体験がありました。マハラバ村への参加経験です。

ある日のマハラバ村（1965年頃）
左から横塚晃一、大仏空、横田弘、小山正義
写真提供：マハラバ文庫

マハラバ村とは、一九六四年頃から六八年頃にかけて、茨城県新治郡千代田村（現・かすみがうら市）で営まれた脳性マヒ者たちの解放区です。主宰者である大仏空《おさらぎあきら》（僧侶・社会活動家、一九三〇〜八四年）が、父親から寺（閑居山願成寺）を引継ぎ、脳性マヒ者たちのために開放して共に生活を営みました。

当時のマハラバ村は交通の便も極めて悪く、電気も通っていない郊外の山腹にありました。そうした場に、各地から身体の不自由な脳性マヒ者たちが集まりました。

第七章でも詳述しますが、マハラバ村では脳性マヒ者同士の結婚が相次ぎ、その様子がニュースに採り上げられ話題になったこともあり、一時期、参加者は二十数名にも及んだようです（横塚晃一「敗軍の兵」）。

この生活共同体の中から、特に大仏和尚の思想的薫陶を受け、現代の資本主義社会の中

『母よ！殺すな』生活書院版

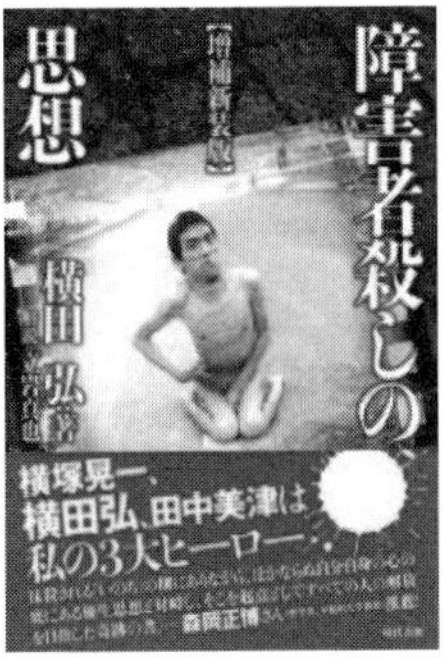

『障害者殺しの思想』現代書館版

で障害者が生きることの意味について思索を深めた人物たちが、後に神奈川県に集まり、青い芝の会神奈川県連合会を設立しました。

このメンバーの中でも、特に横田弘（一九三三～二〇一三年）と横塚晃一（一九三五～七八年）の二人は、青い芝の会を理論的にも実践的にも牽引し、その後の障害者運動に多大な影響を及ぼしました。

横田の著書『障害者殺しの思想』（一九七九年）と、横塚の著書『母よ！殺すな』（一九七五年）は、障害者運動の教科書のような役割を果たしました。七〇～八〇年代に障害者運動に関わった人の中には、この本の影響を受けた人も少なくありません。

これら二冊は長らく絶版となっていましたが、二〇〇〇年代以降、青い芝の会の運動を再検討・再評価する気運が高まり、横田の著書が現代書館から、横塚の著書が生活書院から、それぞれ増補復刻版が出版されました（以下、本書ではこれらの著書の引用は増補復刻版から行ないます）。

マハラバ村に参加した運動家たちは、その場で、どのような思想を学んだのでしょうか。マハラバ村の思想（あるいは大仏空の思想）を簡略に説明するのは難しいのですが（詳しくは荒井裕樹『差別されてる自覚はあるか』をご参照下さい）、一点だけ紹介すれば、「障害者であることに開き直る」ということが挙げられると思います。

例えば、横塚晃一は次のように記しています。

「障害者は一般社会へ溶け込もうという気持ちが強い。それは『健全者』への憧れというのことだが、君達が考える程この社会も、健全者といわれるものもそんなに素晴らしいものではない。それが証拠に現に障害者を差別し、弾き出しているではないか。健全者の社会へ入ろうという姿勢をとればとる程、差別され弾き出されるのだ。だから今の社会を問い返し、変えていく為に敢えて今の社会に背を向けていこうではないか」

このような話を数年間に亙って大仏師より聞かされ、また、討論してきたのである。

とはいっても有難い法話を聞き経典の勉強などに勤しんだというものではない。障害者特有の社会性のなさ、お互いのエゴのぶつけ合い、社会で差別され、こづき回されてきた故の人間不信と妙な甘え、家に閉じ込められていたが為の気のきかなさ、男女関係のもつれ等が渦巻き、それは壮烈なまでの人間ドラマであった。

（『母よ！殺すな』一一三〜一一四頁）

障害者は「健全者」に気に入られようと思ってはいけない。障害者がすべきことは、「健全者」に認められようとして「健全者」に近づく努力をするのではなく、「健全者」がつくった社会の価値観それ自体を問い返し、背を向けていくことである。

彼らは、マハラバ村での共同生活を通じて、こうした思想を鍛え上げていきました。その後、マハラバ村を経験したメンバーらは、神奈川県（特に横浜・川崎方面）に集まり、青い芝の会神奈川県連合会を結成し（一九六九年）、第一章で紹介したような前例のない障害者運動を展開していったのです。

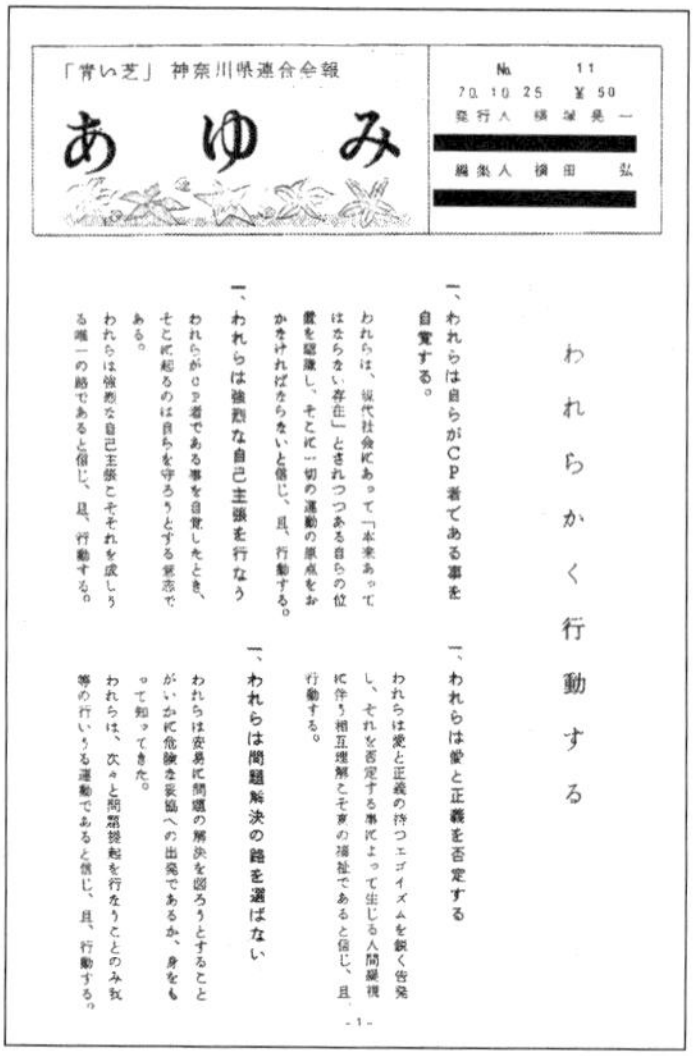
「青い芝」神奈川県連合会会報

あゆみ

No. 11
70. 10. 25　¥ 50
発行人　横塚晃一
[redacted]
編集人　横田　弘
[redacted]

われらかく行動する

一、われらは自らがCP者である事を自覚する。
われらは、現代社会にあって「本来あってはならない存在」とされつつある自らの位置を認識し、そこに一切の運動の原点をおかなければならないと信じ、且、行動する。

一、われらは強烈な自己主張を行なう
われらがCP者である事を自覚したとき、そこに起るのは自らを守ろうとする意志である。

われらは強烈な自己主張こそそれを成しうる唯一の路であると信じ、且、行動する。

一、われらは愛と正義を否定する
われらは愛と正義の持つエゴイズムを鋭く告発し、それを否定する事によって生じる人間凝視に伴う相互理解こそ真の福祉であると信じ、且、行動する。

一、われらは問題解決の路を選ばない
われらは安易に問題の解決を図ろうとすることがいかに危険な妥協への出発であるか、身をもって知ってきた。

われらは、次々と問題提起を行なうことのみ我等の行いうる運動であると信じ、且、行動する。

- 1 -

「行動綱領」初出
『あゆみ』11号1970年10月

†行動綱領「われらかく行動する」

その青い芝の会では、一つのテーゼが共有されていました。「青い芝の会行動綱領　われらかく行動する」（以下「行動綱領」と表記）と呼ばれるテーゼです。

このテーゼは第一章で紹介した実母による脳性マヒ児殺害事件（第五章で詳述）をきっかけにして、横田弘によって起草されました。ここには明らかに、マハラバ村での経験が刻み込まれています。

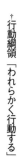

われらかく行動する

一、われらは自らがCP者である事を自覚する。

われらは、現代社会にあって「本来あってはならない存在」とされつつある自らの位置を認識し、そこに一切の運動の原点をおかなければならないと信じ、且、行動する。
一、われらは強烈な自己主張を行なう
われらがＣＰ者である事を自覚したとき、そこに起るのは自らを守ろうとする意志である。

われらは強烈な自己主張こそそれを成しうる唯一の路であると信じ、且、行動する。
一、われらは愛と正義を否定する
われらは愛と正義の持つエゴイズムを鋭く告発し、それを否定する事によって生じる人間凝視に伴う相互理解こそ真の福祉であると信じ、且、行動する。
一、われらは問題解決の路を選ばない
われらは安易に問題の解決を図ろうとすることがいかに危険な妥協への出発であるか、身をもって知ってきた。

われらは、次々と問題提起を行なうことのみ我等の行いうる運動であると信じ、且、行動する。

この「行動綱領」は発表当初、あまりにも過激だとして、青い芝の会の仲間たちからも反発を買ったようです。しかし、青い芝の会が反差別闘争を進めるにしたがって、ここに書かれた文言の重要性が認識・共有されるようになりました。

その後、この綱領は全国青い芝の会総連合会全体の「行動綱領」として採択されるに至りました。その際、以下の一項が加えられ、現在では五項目のものが定着しています。

一、われらは健全者文明を否定する

われらは健全者の作り出してきた現代文明が、われら脳性マヒ者を弾き出すことによってのみ成り立ってきたことを認識し、運動及び日常生活の中からわれら独自の文化を創り出すことが現代文明への告発に通じることを信じ、且つ行動する。

この「行動綱領」に関しては、特に第三項の〈愛と正義を否定する〉と、第四項の〈問題解決の路を選ばない〉に批判が集まりました。前者の項目は、人間の善意を否定する暴力的なメッセージにも見えますし、後者の項目は、批判するだけ批判して「答え」や「対案」を示さない無責任な態度にも思えます。

青い芝の会は、こうした「行動綱領」を掲げたのみならず、実際の運動の現場でも座り込みなどの実力行使をたびたび行なったので、時には「話の通じない過激な集団」といったイメージを持たれることもありました。

しかし一方で、彼らの主張に共鳴する障害者たちも少なくありませんでした。常に上から目線で接してくる「健全者」たちを批判し、障害者として生きることに割り切って見せたこうした主張に、爽快な解放感を得た人もいたのです。

例えば、ポリオの後遺症による重度障害がある金満里は、「行動綱領」について以下のように記しています。

私は施設で育って、いろんなものを見てきて、彼らの言わんとしていることが本当によくわかった。理屈ではなく、感覚・実感の部分でこの行動綱領が大好きになったのだ。わけはわからなくても痛快さがあった。私も施設にいた頃から物事をつきはなして見るたちで、気やすめで救われたためしはない、と思っていた。そんな私の心の中にこの行動綱領はストンと落ちてきた。すべての気やすめは命取りだ、表面に見えているその奥をみろ、現実のありのままを、まず己を直視しろ、といっているこの行動綱領は、愛や正義までも否定しているといって世間からはずいぶんと反感をもたれた。だが、私はもともと愛だの正義だのは信じていなかった。私が生きてきたのはそんなものとは無縁の世界であったし、第一、言葉にして人に押しつけるとろくでもない代物になるのだ、この愛と正義というものは。

(『生きることのはじまり』九七頁)

こうした解放感を得た障害者たちによって、七〇年代を中心に、障害者差別に対する激しい抗議運動が展開されていったのです。

†青い芝の会の特異点

青い芝の会の主張や行動は、それまでの障害者団体によってなされたものとは、まったく性質の異なるものでした。

少し乱暴な整理になりますが、同会の登場以前、障害者差別とは主に「障害者への『優しさ』や『思いやり』を欠くこと」であり、障害者差別が起きる原因も「障害者への『優しさ』や『思いやり』が足りないから」と考えられることが多かったと言えるでしょう。現在も、こうした認識をもつ人は少なくないかもしれません。

しかし、青い芝の会は、障害者への「優しさ」や「思いやり」といった感情それ自体が「差別」なのだと指摘しました。あるいは、こうした感情が「差別」を助長したり、見えにくくしたりするのだと訴えました。

当時、こうした主張は、一部には支持も得られましたが、大多数の人々からは「特異」（あるいは「異様」）なものとして受け止められました。

では、具体的に、青い芝の会のどういった主張や行動が「特異」なものとして受け止められたのでしょうか。先に紹介した横塚晃一『母よ！殺すな』をもとに、四点に整理してみます。

① 青い芝の会は、障害者差別に対して、明確に「闘う」という姿勢を見せました。

青い芝の会以前にも障害者団体は存在していましたし、障害者運動も存在していました。しかし、それらの運動をリードしていたのは、主に障害者の親や、医療・教育・福祉の専門家たちでした。運動の内容も、苦労を同じくする親たちの親睦・互助や、行政への陳情、社会啓発などが中心であり、障害者本人は、どちらかというと親や専門家たちに「守られる立場」にいたと言えるでしょう。

対して、青い芝の会は、障害者本人たちが中心となり、自ら街頭に出てはマイクを握り、障害者差別への反対を叫びました。障害者本人が障害者差別に対して怒りの声を上げたはじめての団体といっても過言ではなく、〈告発型の運動〉の典型例といった評価がなされることもあります（津田道夫ほか『障害者の解放運動』）。

② 青い芝の会は、それまで「常識」だと信じられていた価値観に対して、障害者の立場から拒絶の意志を示しました。

当時のメディアなどでは、障害者に関わる問題が報じられる際、「不幸で可哀想な障害者」に対して、「優しさ」「同情」「思いやり」を寄せることは「良いこと」である、とする論調が珍しくありませんでした。「障害者差別」という問題に関しても、〈愛と正義〉という崇高な概念によって乗り越えられていくと信じる人は多かったはずです。

しかし、青い芝の会は「行動綱領」の中で〈愛と正義〉を否定しました。そうした「優しさ」「同情」「愛」「正義」といった価値観自体が、障害者への差別に通じるのだと叫んだのです。

こうした同会の主張は、「障害者の親」を批判したという点に象徴的に現れているでしょう。

それまで「障害者の親」といえば、障害者にとって最大の味方であり、障害者のことを最もよく理解している存在であると考えられていました。また、社会生活をおくることが難しい障害者にとって一番幸せなことは、こうした親に守られながら生きていくことであると信じられていました。

しかし、青い芝の会は、親こそが障害者を抑圧する最大の敵であると批判したのです。彼らは次のように主張しました。

障害者の親は、我が子を守らなければならないという責任感から、障害者のすべてを抱え込もうとしてしまう。そうした親の姿勢が、障害者が社会で生きるための機会や力を奪ってしまう。また、世間に蔓延する障害者への差別的な価値観は、往々にして、障害者の最も身近にいる親を通じて顕在化する。だからこそ、まずは親を批判しなければならない。

横塚晃一は次のように記しています。

親の権力下に抱えこまれた脳性マヒ者（児）は将来一家の責任者となるような、また母親となるような家庭教育を施されることもなく、いくつになっても赤ん坊扱いされ、一人前の人間として社会性を育む機会を奪われてしまうというのが今迄我々のおかれてきた現状なのである。我々が社会の不当な差別と闘う場合、我々の内部にある赤ん坊性、つまり親のいうままに従うこと、言い換えれば親に代表される常識化した差別意識に対して無批判に従属してしまうことが問題なのである。我々の運動が真に脳性マヒ者の立場に立ってその存在を主張することにあるならば、先ず親を通して我々の上に覆いかぶさってくる常識化した差別意識と闘わなければならず、そのためには自らの親の手かせ足かせを断ち切らなければならない。つまり親からの独立（精神的にも）ということが先決なのである。

（『母よ！殺すな』二二五〜二二六頁）

こうした「親批判」と連動して、彼らは「施設」も批判しました。

第一章でも見たとおり、一九六〇年代から七〇年代にかけて、日本の各地に大規模入居施設が整備されていきました。そうした施設が〈障害者の楽園〉と報じられていた点も第一章で紹介しました。

しかし青い芝の会は、こうした入居施設は、社会が障害者を体よく排除するために作ったものだと批判しました。そのうえで、親元でもなく施設でもなく、街の中で、他の人々が普通にするのと同じように、障害者も普通に生活していきたいのだと主張しました。

彼らの中で「親批判」と「施設批判」が連動しているのには理由があります。青い芝の会がはじめて対外的な運動を展開するきっかけになったのは、一九七〇年五月に横浜で起きた実母による障害児殺害事件でした（第五章で詳述）。

当時、こうした親による障害児殺し事件が起きる度に、「施設さえあれば防げた」といった意見が出ました。青い芝の会は、そうした意見に対し、親の立場からのみ施設の必要性が訴えられているとして猛烈に反対したのです。

③　青い芝の会は、「障害者であることに割り切る」という姿勢をとり、障害を「克服」したり「治療」したりする考え方を拒絶しました。

当時も現在も、「障害者」といえば、「不幸」「可哀想」「劣っている」といった否定的な価値観で捉えられることが少なくありません。そのため、障害者が障害を軽くするために努力することは当たり前のことであり、そうした努力を惜しまない障害者が「立派」だと評価される傾向にあります。

しかし、青い芝の会は、なぜ障害者が障害者のままで生きていてはいけないのかと逆に社会の価値観を問い返し、同じ障害のある仲間たちに対しても「健全者幻想」に陥ってしまうことを厳しく戒めました。「健全者幻想」とは、横塚晃一によれば次のような考え方のことです。

私達障害者の意識構造は、障害者以外は全て苦しみも悩みもない完全な人間のように錯覚し、健全者を至上目標にするようにできあがっております。つまり健全者は正しくよいものであり、障害者の存在は間違いなのだからたとえ一歩でも健全者に近づきたいというのであります。

(『母よ!殺すな』六四頁)

障害者が「障害」を否定的な価値観で捉えてしまえば、それは不可避的に自己否定へと通じてしまいます。現在、「障害は個性」といった表現で、障害そのものを肯定的に捉えようとする風潮がありますが、それも元をたどれば、こうした青い芝の会の主張に水脈の一つが存在します。

④　青い芝の会は、現代の資本主義社会や、資本主義的な価値観を批判しました。人間を「働ける／働けない」という価値観で分断・序列化するような合理主義的・経済主義的な価値観に対して猛烈に反対したのです。

現在日本においては、働くということは特に障害者の場合、物を生産するということと同義語につかわれています。物資を生産することだけが「正義」であるならば重度障害者はもとより、少し能率の落ちるような軽度者においても障害者は救われない存在といわなければなりません。

（『母よ！殺すな』五四頁）

青い芝の会は、「働く＝善」という価値観を根底から否定しました。人間は働けなければ生きていてはいけないのか。どうして働けない人間は差別されなければならないのか、と訴えたのです。

現在も、障害者に「生きがい」としての「仕事」を用意する（与える）ことは「よい」

ことであると考えられています（そのように考える人が多いと思います）。しかし、青い芝の会は、こうした価値観を否定したのです。

「働く＝善」という価値観を否定する思想は、全身に障害のある脳性マヒ者たちだからこそ生まれたものだと思われます。例えば、障害者の中には、街や建物の物理的なバリアーを除去さえすれば、障害のない人たちに混じって遜色なく働くことができるという人もいるでしょう。しかし、青い芝の会に集った重度脳性マヒ者には、車椅子に座り続けること自体が困難なほど、全身に重い障害のある人も少なくなかったのです。

どうしても生産活動に従事できない重度障害者にとって、「働く＝善」という価値観を受け入れてしまえば、自分が生きる意味を常に否定し続けなければならなくなります。したがって、彼らは「働く＝善」という価値観を拒絶しました。

働ける程度の軽度障害者は働くことに生きがいを見出し、どうしても働けない重度障害者はそれ以外の事柄に生きがいを求めればよいのではないか。そう考える人もいるかもしれません。

しかし、青い芝の会はそうした考え方を採りませんでした。彼ら自身の経験で、こうした考えが「差別」を再生産することを知っていたからです。横塚晃一は次のように記しています。

障害者は企業内では殆んどの場合ミソッカスにしかすぎませんが、このミソッカスがひとたび障害者仲間のもとへ帰ってくると「俺は働いているんだ、お前たちとは違うんだ」といって自分より重度で働けない人を見下し肩を張るのです。

（『母よ！殺すな』五三頁）

「働く＝善」という価値観は、障害者たちの間に、「誰がより『健全者』に近いか」といった序列化の力学を持ち込んできます。したがって、彼らの運動は、障害者も労働し得る職場・雇用環境の改善を求める方向へは進まず、むしろ「労働」という概念自体を覆し、再定義する方向へと進みました。

我々障害者は、一束かつげなくても落穂を拾うだけ、あるいは田の水加減をみているだけでもよしとすべきであり、更にいうならば寝たっきりの重症者がオムツを替えて貰う時、腰をうかせようと一生懸命やることがその人にとって即ち重労働としてみられるべきなのです。そのようなことが、社会的に労働としてみとめられなければならないし、そのような社会構造を目指すべきだと思います。

（『母よ！殺すな』五六〜五七頁）

横田弘も『障害者殺しの思想』の中で、〈自己の生命を燃焼させる〉こと自体を〈労働〉と捉えています。つまり、重度障害者にとっては、生きていること自体が肯定されるべき労働なのだと唱えているのです。

また、横塚晃一は、労働できない障害者は〈不合理な存在〉であることを示すこと自体に、その存在意義があると主張しました。

とにかく障害者は不合理な存在の典型であり、だからこそ人間とは何かという事を振り返るには格好の材料であり、生きた具現者である筈です。（略）我々がいたずらに「健全者」を崇拝し、あこがれるのではなく、合理化へと突っ走り人間性を省みない「健全者」の社会体制が我々障害者を規格にはまらないとして疎外し続けるならば、我々はあくまで不合理な存在としての自覚に基づいて、我々の運動を続けなければなりません。
そうする事が我々重度障害者の使命であり、最も有意義な社会参加だと思います。
（『母よ！殺すな』八四〜八五頁）

少し先走って付言しておくと、彼らの運動には「人間」の定義を組み替えようとする大きなテーマが潜在していたように思います（第七章参照）。

†「常識」と闘う

青い芝の会に参加した脳性マヒ者には、障害者は世間に迷惑をかけず、他人から可愛がってもらったり、同情してもらったりすることが大事だと教えられてきた人が少なくありませんでした。当時としては、それが社会の「常識」だったからです。

しかし、青い芝の会は、そうした「常識」を問い直しました。障害者本人が街頭に出てはマイクを握って演説し、障害者本人との話し合いに応じない役所に押しかけては座り込みを行ない、障害児の入学・登校を拒否した学校に対しては抗議行動に出向いたりしました。

こうした「社会に歯向かう障害者」の姿に、多くの人が衝撃を受けました。当時、青い芝の会の運動家たちには、しばしば次のような言葉が投げかけられたといいます。

「せっかく可哀想だと思ってやっているのに、なんでそんなに生意気なことをするんだ」

「もっと穏やかに伝えなければ、世間の人からわかってもらえませんよ」

青い芝の会が闘ったのは、障害者に向けられた、こうした価値観そのものだったといえるでしょう。

青い芝の会は、障害のある人とない人とが、「仲良くする」「互いにわかり合う」といった考え方も拒絶しました。現状の社会において、両者の関係性が決して対等なものでない以上、障害者の側に「わかってもらうように努力すべき」「歩み寄って仲良くしてもらうために我慢すべき」といった圧力がかかることが明白だからです。

青い芝の会が見せた、こうした社会への対決姿勢を象徴する言葉があります。「健全者」です。基本的には「障害のない者」を意味する言葉ですが、青い芝の会が使う際、独特の語感が含まれました。

彼らはこの言葉に、どのような思い（あるいは戦略的意図）を込めたのでしょうか。

次章で考えます。

第三章

「健全者」とは誰か

第二章では、数々の反差別闘争を繰り広げた青い芝の会の思想について説明しました。そこで引用した文章の中に、たびたび「健全者」という言葉が出てきたことに気がついたかと思います。

青い芝の会は、きわめて意識的に「障害のない人」のことを「健全者」と呼びました。その際、この言葉は単なる「障害者」の対義語（つまり「障害のない人」）というわけではなく、もう少し独特の語感を含んでいました。

その語感を一歩踏み込んで表現すれば、「障害者と対立関係にある健康な者」あるいは「障害者を差別する立場にいる健康な者」ということになるでしょうか。

ちなみに、現在では「障害」という概念自体も多様化しているので、「障害者／健全者」という割り切った二項対立の図式に違和感を覚える人も少なくないでしょう。

ともすると、「障害」とは「何かができないこと」と考えられがちですが、そもそも「できること」と「できないこと」の境界線は、文脈や状況によって動いたり揺らいだりします（例えば「発達障害」や「精神障害」などの領域では、「障害」は「できないこと」の度合いやグラデーションのようなイメージで理解されることがあります）。

人は誰でも程度の差こそあれ「できないこと」を抱えていますから、その意味では「障害」と無縁でいられる人など存在しないのかもしれません。

しかしながら、青い芝の会が最も精力的に活動した一九七〇～八〇年代には、「障害者」と「健全者」は明確に切り分けられて認識されていました。あるいは、一度はっきりと切り分けることで見えてくるものを大切にしていたと言い換えてもよいと思います。「障害者」というアイデンティティを持つ人と、「健全者」というアイデンティティを持つ人とが、時に手を取り合い、時にぶつかり合い、試行錯誤を重ねながら運動を進めていった点に、一九七〇年代の障害者運動の特徴があります。

重要なのは、青い芝の会が障害者差別に抗い、闘っていくために、「健全者」という独特の用語を必要としたという点です。どうして差別と闘うために、このような言葉が必要だったのでしょうか。
本章では、その点について考えてみます。

†「障害者でない者」を何と呼ぶか

「健全者」について考える前に、よく似た言葉である「健常者」について考えてみます。

実は「健全者」も「健常者」も、医学界では古くから存在する言葉で、明治期の医学論文などにはすでに用例が見られます。主に医学者によって使われていたこれらの言葉は、一九七〇～八〇年代頃から、障害者運動や社会福祉の領域で頻繁に使われるようになりました。

例えば、『朝日新聞』解説欄「ことば」（一九八一年二月六日）には、「健常者」という言葉について、以下のようにあります。

心身障害のない人のこと。今年は国際障害者年ということで、この耳慣れない用語が新聞やテレビ、雑誌などにしばしば登場するようになったが、実際はもっと古く、心身障害者対策基本法ができた昭和四十五年ごろから福祉事業関係者の間で、心身障害者に向き合う言葉として慣習的に使われ出した。

また、『読売新聞』解説欄「ミニ解説」（一九八一年三月二四日）には、次のようにあります。

ことしは「国際障害者年」。身障者に対して、「不具廃疾者」など不快用語を法律・条例から追放しようという用語改正運動が高まってきた中で、目に触れ出した言葉がこの「健常者」。

意味は、身障者の〝反語〟として「身体的に障害のない人」、つまり五体満足の人のこと。厚生省は、いつごろから使われ始めたか不明だが、おもに身障者関係団体の人たちや身障者問題に詳しい人が用いる言葉、と説明している。

国際障害者年とは、障害者の「完全参加と平等」をテーマに、国連が加盟各国に計画的な課題解決に取り組むことを求めた国際年のことです。どちらの記事も、国際障害者年と前後して「健常者」という言葉に接する機会が増えてきたことを指摘しています。

日本でも国際障害者年を機に、「障害」や「障害者」に関する用語の再考が図られました。というのも、実は一九八二年まで、法律用語には「不具廃疾」という厳めしく古めかしい言葉が存在していたのです。そうした用語も「障害に関する用語の整理に関する法律」(一九八二年)によって、適宜「重度障害」「障害」「障害の状態」といった言葉に改められました。

国際障害者年のテーマは「完全参加と平等」です。「障害者」と「障害者でない者」とが共に社会参加することになれば、「障害者でない者」の呼び名が定まっていなければ不便です。そこで、〈福祉事業関係者〉や〈身障者関係団体の人たちや身障者問題に詳しい人〉たちに使われていた「健常者」という言葉が一般のメディアにも登場する機会が増えた、ということなのでしょう。

ただし、朝日・読売の両解説ともに、「健常者」という言葉がはらむ問題についても言及しています。

障害者はもちろん、役人、福祉事業関係者の中にも、健常者を「健康な正常者」の略だとすると、対する障害者は「不健康な異常者」ということになりはしないか、と抵抗を感じている向きもある。脳性マヒ者の団体では「健全者」という言葉を使っており、障害者団体のなかには、もっと適切な表現はないかと、用語のいいかえを検討しているところもある。

（『朝日新聞』）

欧米、とりわけアメリカの場合、「身障者」（DISABLED PERSON）という言葉そのものが、からだの不自由な人たちに不快な響きを与える、との考え方が強まっており、〝五体満足な人〟と区別するような言葉遣いを避ける傾向にあるといわれる。「心の福祉は、まず用語への配慮から」といった発想が根本にあるためで、健常者や、難聴者に対する健聴者などの言葉も、その意味合いから、ほどほどに。

（『読売新聞』）

近年では、「障害者」のことを「しょうがい者」「障がい者」と表記したり、「障碍者」というかたちで漢字の一部を置き換えることも行なわれていますが、こうした試みも、国際障害者年以来の議論の延長線上にあると考えてよいでしょう。

ちなみに、「しょうがい」「障がい」という表記は、「障」「害」というネガティブなニュアンスを帯びた漢字を避けるためだと思われます。ある特定の人たちが、まるで「害」であるかのように記されてしまう呼称を使いたくないという心情的な理由もわからなくはないのですが、実際には、「障害」という表記を特に抵抗感なく使用している個人・団体も少なくありません。

というのも、近年では、「障害」を「社会モデル」として捉える考え方が主流になっているからです。「障害」とは、その人の身体（の一部）が動かないことが問題なのではなく、そうした人たちの存在を考慮せずに作られた社会構造（ハード面およびソフト面）の方に問題があると捉える考え方です。

そのように考えるならば、「障害者」も「改善されるべき社会構造が障害となって社会参加を阻まれている人たち」「そうした障害に直面している人たち」といった意味になります。

ちなみに、私は「障碍」の表記を使用しません。もともと「障碍」は仏教語で「しょうげ」と読み、「仏道の妨げ、差し障りになるもの」のことを意味しているからです。

†「健全者」の語感

ここでもう一度、『朝日新聞』の解説欄を見てみましょう。解説中、〈脳性マヒ者の団体では「健全者」という言葉を使っており〉とあります。これは明示こそしていませんが、青い芝の会を念頭に置いた記述だと受け取ってよいでしょう。

確かに「健全者」とは、青い芝の会という団体の理念が象徴的に表われた言葉ですが、もともと同会だけが使っていたわけではありませんし、同会もはじめから特有の意味を込めて使っていたわけでもありません。

では、「健全者」という言葉が、障害者運動の中で独特の重みを持ちはじめたのはいつ頃からなのでしょうか。

「健全者」という言葉が、障害者本人によって使用される事例は、一九五〇年代半ばから見られはじめます（ただし、これはあくまで活字資料で確認できるという意味であり、日常会話ではそれより以前から使われていたことは十分に考えられます。障害者たちによって雑誌類が作られ、障害者本人たちの言葉が発信されはじめたのがこの時期からだったということでもあります）。

例えば、岡山県の有安茂によって結成された日本身体障害者友愛会の会報『友愛通信』（一九五四年一〇月創刊）には、次のような用例が見られます。

なお、障害者の結婚と妊娠――妊娠は健全者と異って、いろんな面で、相当困難を伴う場合があり得ると考えられる。

こうしたとき、優生保護法の適用を受けられるよう民生委員に働きかけるべきである。優生保護法の適用を受けて妊娠中絶を実施すると、一切の経費は無料になる筈である。

この様に、われわれは、あらゆる法的保護を受け、多少でも人間らしき生活が営まれ得る様に、自らの幸福に対して積極的になることが現実的に障害苦を軽減する第一歩であると信じる。

（有安茂「身体障害者友愛会創立と『友愛通信』創刊一周年をむかえて」）

一九五〇年代の障害者が書いた文章に、「優生保護法」の名称が登場するのは極めて珍しい事例です。第七章で詳しく見るように、この法律には障害者への差別的な価値観が底流していました。しかし、当時は「困窮者」を「救済」するための法律として認識されていた一面があります（ただし、その「救済」という名目で、多くの障害者の心身が傷つけられてきたことを忘れてはなりません）。

優生保護法に関する考察は第七章にゆずり、ここでは「健全者」という言葉の使われ方にのみ話を留めましょう。

右の文章中、「健全者」という言葉は、妊娠という事柄に対して、「障害のある者」と「健康な者」とを対比的に考える文脈で使われており、意味内容としても「障害者」に対する単純な対義語として用いられています。

『友愛通信』の創刊から遅れること三年。初期青い芝の会が結成され、同時に会報『青い芝』が創刊されました。当初の誌面を確認すると、「健全者」という言葉もいくつか確認できますが、取り立てて用例数が多いわけでもなく、また特別な重みを有した用語として使われている形跡もありません。多くは「障害者」の単純な対義語として用いられています。一例を挙げましょう。

やがて学齢期となり、病院では光明学校を進めて下さいましたが本人が近くの学校へ姉と共に行くと、き、ませんので普通の学校へ入学させましたが、不自由さは見逃せませんでした。先生方の御親切に甘え健全者の中で学校生活が始ったのでした。

（「お母さんの体験記」）

この文章は障害児の母親による手記ですが、ここで使用されている「健全者」も、普通学校に通う健康な子どもといった程度の意味で用いられています。

青い芝
No. 1
32－12－25
「青い芝」の会 発会式ルポルタージュ
発刊に際して

『青い芝』創刊号
国立国会図書館所蔵

初期青い芝の会の会報には「健康な人」「普通の人」といった表現も見られ、「健全者」という言葉も、そうした表現のうちの一つとして使用されています。つまり、特別な重みを持った運動用語としては意識されていなかったということです。

「健全者」という言葉が、単純な対

義語としての意味を越えて、ある特有の意味合いを帯びて用いられた最も早い用例は（現時点で私が確認する限り）一九五六年のものです。

初期青い芝の会が結成される一年前、『婦人公論』一九五六年七月号の読者投稿欄「生活の窓」に、大阪府在住の伴井嘉子という人物の「肢体不自由者の希い」という手記が掲載されています。伴井は一歳の時に高熱を発症し、重度の脳性マヒになった人物です。

この手記の中で伴井嘉子は、障害者たちが日々の悩み（主に家族との精神的な軋轢）から解放され、安心して生きていける〈身障者ホーム〉〈身障者の街〉の実現を強く求めています。そうした文脈中、次のような一節が出てきます。

つまり、癩患者の愛生園のような社会を私達も切望しているのです。激しい実社会に健全者とともに生活して行くには、身も心も耐えられない重度障害者に対する、現在のそして老後の安息所として、真剣に身障者ホームを、そして身障者の街が実現するように希っているのです。

少し注釈をつけておくと、〈癩患者の愛生園〉というのは、岡山県にある国立ハンセン病療養所長島愛生園のことです（「癩」はハンセン病の旧名）。同園に勤めていた医師の小川正子が、ハンセン病患者のために奔走する様子を描いた手記『小島の春』（長崎書店、一九三八年）は、豊田四郎監督・夏川静江主演で映画化され（一九四〇年）、大ヒットしました。

おそらく、伴井嘉子という人物が抱いている愛生園のイメージも、『小島の春』に影響を受けていると思われます。

なお、この文章が掲載された『婦人公論』一九五六年七月号は、障害者運動史の観点からすると、極めて重要な一冊です。

闘病者の手記と医師の批判

小児麻痺患者も人間です

高山久子

遠く尋ねれば先年物故した母方の祖父、鷲亭金升は白髪を染めて戦場に赴いた老武者、斎藤別当実盛であり、父方はキリシタン大名、高山右近長房であるという。これらの家系の中に、ヒョッコリと生れた私が何と描いてもおぶっても、空気の抜けたゴム人形のようにダラリと動かず、首も坐らず、ただ、やたらに舌ばかりチロッチロッと出すこの赤ン坊に父母はおかしいと東大病院へ駈けこんだ。

大正十五年六月、私は、高山家の次女として生れた。母は其の頃を思い出して、こう話した事がある。「お前のお宮参りの時にね、舞踏病のアメ屋が居たんだよ、車をひっくりかえしそうなかっこうで仕草がひどかったんだよ。女中がね、奥様〝そんな者のアメを買ってやるのお止しなさいませ』って言ったんだけれどね」と母は言う。

痙攣性小児麻痺の大部分はビールスではなく分娩傷害と聞く。医者の息子である私の友達は「脳性小児麻痺なんて頭が悪そうな名だね――嫌んなっちゃう、僕達はね明治時代には死んでたんだよ、医学の進歩が生れさしてくれたのさ」と言う。もしも母が買った屋台のアメ屋が舞踏病でなくビールスの小児麻痺でも大人になっていて、もう保菌者とは考えられない。さて昭和の初期、ようやく日本各地の大学に整形外科が設けられだした当時では治療法は皆無だった。「十七、八になれば何か人並にはなるでしょう」が治療法はありません」。

四つまで私は歩けなかった。辛じて縄り歩きをしていた。だから私の手の届く処、壁と云わず襖と云わず、手垢で真黒だったそうだ。言語障害でこんな笑話がある。

「リンゴとジャッコ」。私が三つの時母はチブスで入院した。留守居の者が私の言葉には参ったらしい。私が「ジャッコジャッコ」と言う。今でさえ私は「ベ」が「テ」に「メ」が「ネ」になったりして、通じない言葉が大分有るのだから、当時を察しても余りある。それっとリンゴを持って来る。違う。

―288―

高山久子「小児麻痺患者も人間です」
『婦人公論』1956年７月号

同号では「闘病者の手記と医師の批判」という小さな特集欄が組まれ、光明学校卒業生で初期青い芝の会設立メンバーとなった高山久子と、伊藤京逸という整形外科医の文章が掲載されています。伊藤京逸は光明学校の校医を務め、初期青い芝の会の後見役として、公私にわたって交流をもった人物です。

この『婦人公論』に高山久子が寄せた手記「小児麻痺患者も人間です」は、初期青い芝の会が結成されるきっかけの一つになりました。当時、重度障害者本人が『婦人公論』といった強い影響力を持つ総合誌を舞台に、社会に向けて自らの存在をアピールしたのは画期的な出来事だったのです。

この手記は、次のような一節で締められます。

私達に光をあたえて下さい。私達に社会の一部をさいて下さい。たとえ道化役者の肢体を持っていても、思い出して下さい。痙攣性小児麻痺患者もまた一個の人間であることを。

傍線部の〈私達に社会の一部をさいて下さい〉とは、ひどく痛ましい叫びですが、こうした文章を読む際に大切なのは、言葉の裏側に張り付いている文意をくみ取ることです。

おそらく、ここには、障害者に〈社会の一部〉を分け与えられる程度には、高度成長を迎えたこの社会は豊かになっているはずだという思いがあり、自分たち脳性マヒ者は高度成長の恩恵から排除され、取り残されているという憤懣が込められているはずです（そのような憤懣が初期青い芝の会を生むことになります）。

伴井嘉子の文章は、この高山久子の文章と同じ号の『婦人公論』に掲載されたことで、初期青い芝の会の母体となった文芸同人団体「しののめ」関係者の目にとまりました（花田春兆「うたの森」）。

これが縁となって、伴井も脳性マヒ運動家らと関わりを持つようになり、重度障害者の入居施設建設や、障害者年金制度を求める主張をしばしば発表しています（一九五〇〜六〇年代の会報『青い芝』や文芸誌『しののめ』では、障害者施設の問題は賛否両論ありました）。

この伴井嘉子という人物が書いた文章には、「健全者」という言葉が特有の意味合いを帯びて使用されています。例えば、重度障害者施設を切望する文章には次のような記述があります。

全重度者に肉親があるのでもなく、肉親があっても親との同居さえ好まむ《ママ》現在、重度者が肉親との同居にのみ頼っても居られませんし、同居のみが幸福だとも断言できないと思うのです。かりに同居させてもらっていても家族構成上、いかに居辛らい立場であるかは考えるまでもない事です。私も健全者なら重度者と同居する家庭に嫁ぎたいとは思いませんから、私のような者と同居したくないと考えられるのが当然で、少しもお責めする気持になれないのです。

（伴井嘉子「私の願望」）

私は、この伴井嘉子という人物の文章に興味を持っています。社会運動史という観点では全く無名の人物ですが、この人の文章には、当時の在宅障害者たちが抱いていたであろう鬱屈感のようなものが凝縮し、独特な言葉のねじれを起こした痕跡がうかがえるのです。例えば、右の文章で言えば、重度障害者である筆者が、「健全者」の目線を借りるかたちで、障害者に対して極めて厳しい言葉を綴っています。

とても複雑な葛藤をはらんだ興味深い表現ですが、ここでは、当時の障害者たちが、こうした鬱屈感を吐露する文脈の中で「健全者」という言葉を使っている点、また、こうした文脈で使われる「健全者」という言葉が、障害者の単純な対義語というわけではなく、それ以上の語感――「障害者と対立関係にある者」や「障害者との共生が難しい者」といったニュアンス――を帯びている点に注目しましょう。

†「マジョリティ」を捉え返す

ある言葉の起源を探し当てるのはとても難しいことですから、この伴井嘉子という人物が「『健全者』という言葉に独特の意味合いを持たせはじめた張本人である」と断言することはできません。

しかし、伴井嘉子の用例を参考にすれば、一九五〇年代の半ばには、すでに脳性マヒ者本人によって、「健全者」という言葉が独特の意味合いを帯びて使用されはじめていたという点は指摘できるでしょう。

言葉というものは、使い手が変われば、自然とその意味も変わっていきます。「健全者」という言葉も、医療者だけでなく、障害者本人たちも使うようになったことで、次第に意味内容が変わっていったものと思われます。

つまり、もともと医学などの分野で使われていた「健全者」は、一九五〇年代半ばには脳性マヒ者たちによる機関誌や同人誌の中で使われるようになり、その過程で「障害者と対立関係にある者」「障害者との共生が難しい者」といった意味合いが含まれるようになったのだと考えられます。

「健全者」という言葉に、こうした含意が生じていった背景には、おそらく、戦後の高度成長という社会発展から取り残された脳性マヒ者たちの憤懣や、社会から置き去りにされていくことへの不安が存在していたのではないかと思われます。

六〇年代に至ると、この言葉は、更にはっきりと対立的な語感を帯びていきます。例えば次のような用例が見られます。

人間誰しも、あいての気持がわかると言う事は不可能に等しい、どんな親密な、親子でもかんぜんにあいての気持がわかる事はないのである。まして、健全者が障害者の気持がわかるわけがない。

（小山正義「障害者の問題は障害者の手で」）

執筆者である小山正義は、マハラバ村（第二章）で大仏空和尚の思想的薫陶を受けた人物です。この文章が書かれた一九六六年も、マハラバ村での生活共同体が営まれていた時期にあたります。「障害者」と「健全者」を敵対的な関係で捉える発想は、そうした生活共同体の中で議論され、深まっていったものと思われます。

ただし、マハラバ村の設立者である大仏空和尚自身、障害者問題と関わるようになったのは、「しののめ」や初期青い芝の会等の団体と接するようになったことがきっかけでした。つまり、マハラバ村開設以前から、「健全者」という言葉は脳性マヒ者たちの中で「障害者と対立的な関係にある者」という特有の意味を含みはじめていたとも考えられるのです。

七〇年代に至り、青い芝の会の活動が本格的に盛り上がり、日本各地で障害者差別と闘う運動が繰り広げられるようになると、この「健全者」という言葉の語感も先鋭化していきます。この頃になると、「障害者」と「健全者」の対立関係は存在論的な深みさえ帯びていきます。

例えば、青い芝の会の理論的なリーダーとなった横塚晃一は、青い芝の会の介助ボランティアたちに対して、次のような厳しい問いかけをしています。

障害者は現代社会において、被差別的で被抑圧者なのです。今までのボランティア活動は、このような人達を「かわいそうな人達」あるいは「不幸な人達」と呼び「だから私達が何かやってあげるのだ」ということだったと思います。しかし、これは大変な心得違いです。なぜなら我々を、不幸な、恵まれない、かわいそうな立場にしているのは権力であり、今の社会であります。その社会をつくっているのは他ならぬ「健全者」つまりあなた方一人一人なのです。

（『母よ！殺すな』一四一～一四二頁）

九〇年代に、介助者として青い芝の会と関わりを持った九龍ジョーさん（編集者・ライター）は、この「健全者」という言葉について〈「障害者」に対抗して、マイノリティの側からレッテルを貼り返すための言葉〉と的確に指摘しています（九龍ジョー「運動はすぐそばにある」）。

事実、この言葉は、障害者（マイノリティ）の立場から、障害者でない人たち（マジョリティ）を可視化するための役割を果たしました。

そもそも、「マイノリティ」や「マジョリティ」とは、非常に定義が難しい言葉です。しばしば「少数者（少数派）」や「多数者（多数派）」といった訳語が当てられますが、この言葉は、ただ単に人口比率の多寡を意味するわけではありません。

ある社会や共同体の中には、人口比率としては少なくても、差別や迫害といった危険・困難・不安・恐怖を感じることなく生きていける人たちが存在します。通常、そうした人たちのことを、私たちはわざわざ「マイノリティ」と呼ぶことはありません（中世ヨーロッパの王侯貴族や、江戸時代の武士階級は、人口比率からすれば少数者ですが、こうした階層の人々を「マイノリティ」と呼ぶことは、普通はありません）。

「マイノリティ」「マジョリティ」とは、その社会や共同体への帰属意識と違和感の濃淡の差を示す言葉だと、私は考えています。

仮に「マジョリティとは誰か」について、私なりに説明すれば、それは「葛藤を伴うことなく、自分のことを『大きい主語』で語れる人」となるでしょう。つまり、「日本（人）」「社会（人）」等々といった言葉で自分を指し示すことに違和感を覚えず、また他人からの異議申し立てを受けずに済む人のことです。

そうした人は、社会の中で「自分とは何者であるか」「なぜ自分がここにいるのか」を説明する必要がなく、何らかの社会問題が生じた際にも、切実な当事者意識を持たずにやり過ごすことができます。

例えば、いま目の前の人から、「障害者差別についてどう思うか?」という質問が投げかけられたとしたら、皆さんはどう答えるでしょうか? こうした問いに対して、「マジョリティ」は往々にして「社会が成熟しなければ〜」「国が責任をもって福祉を整備しなければ〜」「人間の本質として〜」といった答えを言いがちです。

しかし、「社会」も「国」も「人間」も、きわめて「大きな主語」です。さしたる葛藤もなく、「社会」や「国」や「人間」を代弁するかのような言葉が出てきてしまう人こそ「マジョリティ」だと言えるでしょう。

「マジョリティ」は、自分自身の価値観や考え方といった「個人的な見解」を、「大きな主語」に溶かし込むことができてしまいます。そうすることで、あたかも「一般的な見解」であるかのように語ることができるのです。

逆に「マイノリティ」とは、そうした語り方ができない(許されない)人たちのことです。「マイノリティ」は、自分自身に関わる「小さな主語」で語ることを求められます。「差別についてどう思うか?」という問いは、「マイノリティ」にとって自分の日々の暮らしに関わる事柄です。買い物に行く、学校に行く、部屋を借りる、銀行口座を作る、誰かを好きになる、その人と共に暮らしたいと思う等々、暮らしの至るところで、「他ならぬこの私」に降りかかってくる問題です。

右に引用した横塚晃一の文章を、もう少し細かく見てみましょう。横塚はボランティアたちに対し、〈その社会をつくっているのは他ならぬ「健全者」つまりあなた方一人一人なのです〉と呼びかけています。

「この社会には障害者差別が存在している」という言い方に対して、真正面から反対する人は、おそらく多くはないと思います。しかし、この「社会」という言葉は「大きな主語」の代表格のようなもので、「マジョリティ」はともすると、自分自身が障害者差別を残存させている社会の一員であることを忘れてしまいます。

その人自身は個別に責任を問われることのない安全地帯から、「社会」という抽象的な存在に責任を押しつけるような発想に対して、横塚晃一は釘を刺そうとしているのです。彼は「健全者」という言葉を使うことによって、〈あなた方一人一人〉へと呼びかけます。〈あなた方一人一人〉が、障害者と対立的な位置にいる「健全者」なのであり、そうした「健全者」がこの社会をつくっているのだと訴えているのです。

このように、青い芝の会は、「障害者」と「健全者」という言葉をあえて敵対的な関係の中で使いました。そのため、「わざわざ対立をあおっている」「分かり合おうとする意志がない」といった批判もされました。

しかし、彼らはこの言葉を使い続けました。一方的に名指される側にあった「障害者」の立場から、自分たちを名指す人たちを、「健全者」と名指し返したのです。というのも、こうして「敵対関係」を作ることによって、すべての「健全者」たちを「障害者」との関わり合いに巻き込むことができるからです。

「健全者」は、障害者から「健全者」と呼びかけられたその瞬間から、障害者差別に対して、第三者的な位置や傍観者的な位置にいることを許されなくなります（第六章では「介助者」とは誰かといったテーマで、同様の問いが再び登場します）。その意味で、「健全者」という言葉は、青い芝の会の運動理念を凝縮したような、象徴的な言葉だと言えるでしょう。

第四章

奪われた「自分」を取り戻す

「障害者運動」というと、障害者が利用できる制度や法律の獲得を目的としたものと受け止められることが多いようです。例えば、街のバリアフリー化（を推進する法律）を求めたり、ヘルパーを派遣するための制度を要求したりなど、日々の生活を支えるための「形のある成果」を求める活動といったイメージで捉えられています。

確かに第一章でも見たように、初期青い芝の会では、障害福祉年金の増額や障害等級認定の見直し要求が重要な活動になっていましたし、序章で紹介したように、多くの障害者たちの努力によって障害者差別解消法という法律が作られました。

障害者運動に、「障害者のための法制度を求める活動」という側面があることは間違いありません。

しかし、青い芝の会が求めたのは、そうした「形のある成果」に限りませんでした。むしろ同会は、「障害者が生きる意味とは何か」「障害者として生きるとはどのようなことか」といった「形のない理念」をとても大事にしていたのです。

特に同会の中では、障害者の「主体性」や「意思」といった理念が重要視されました。なぜ、こうした理念が重んじられたのでしょうか。本章で考えます。

†本人の言葉、本人の意思

序章で触れた障害者差別解消法では、「不当な差別的取り扱い」の一例として、〈本人を無視して介助者や支援者、付き添いの人だけに話しかける〉ことが挙げられています（内閣府『「合理的配慮」を知っていますか？』）。

どうして、このことが「差別」として規定されているのか。もしかしたら疑問に思う人もいるかもしれません。障害者本人がコミュニケーションに時間がかかったりする場合、いつも当人と一緒にいて、意思の疎通に慣れている介助者と話をした方が早く効率的に対応できるのではないか。そう思う人もいるかもしれません。

しかし、本人がいるのに「いない」かのように扱われたり、本人の言葉を通じて意思を確認してもらえなかったりすることは、当人の尊厳を傷つけます。

　現在、福祉や医療の現場では、障害者本人の「意思」を確認・尊重することは基本的な事柄になっています。しかし、かつては、そうでない時代もあったのです。

　青い芝の会も、至るところで「本人の話を聞くこと」を求め続けてきました。行政との交渉を行う際にも、青い芝の会は基本的に介助者を同席させないか、あるいは介助者には発言をさせないといった姿勢をとってきました。交渉の主体が障害者本人にあることを明確にするためです。そして、たびたび役人に対し、「俺の話を聞け！」と厳しい口調で叫びました。

内閣府『「合理的配慮」を知っていますか？』

　また一方で、青い芝の会は、障害者本人に対しても、きちんと「主体性」や「自分の意思」を持つことを強く求めてきました。日々の生活で他人の手を借りなければならないとしても、自分のことは自分で考え、自分で決めることが障害者にとっての「自立」であると主張してきたのです。

青い芝の会が運動をはじめた頃は、障害者に「主体性」や「意思」があるとは考えられておらず、あったとしても、それは未熟で不完全なものと捉えられていました。かつては、「障害者には判断力がない」「障害者とは意思疎通ができない」という偏見が根強くあったのです（現在もまだ存在します）。

そのため、障害者のことは、最も障害者の身近にいる人物（多くの場合は親）や、高度な知識を備えた専門家によって代弁されるのが良いと考えられていました。特に脳性マヒ者には言語障害のある場合が多く、発話に時間がかかったり、慣れていなければ聞き取りにくかったりします。必死になって話した言葉が、あまりにも容易く軽んじられたり、退けられたりしてきた歴史があるのです。

そうした経験を痛いほど味わってきた青い芝の会員たちだからこそ、「本人の意思」や「本人の言葉」を殊更に大切にしました。

この本を読んでいる人の中には、多少自らの意思が阻害されたとしても、それ自体を差別と騒ぎ立てるのではなく、できれば物事を荒立てずに済ませたいと考える人もいるかもしれません。もしかしたら、あまりにも厳格に「本人の意思」を守ろうとする考え方に違和感を覚える人もいるかもしれません。
しかし、七〇年代の障害者運動、特に青い芝の会は、「自らの意思」を徹底的に守ろうとしましたし、それを阻害されることは明確な「差別」だと認識していました。同会はなぜ、こうした点に強くこだわったのでしょうか。

†「健全者」が踏み込んでくる

第二章で紹介した「行動綱領」を起草した横田弘は、次のように述べています。

高度経済成長が謳われている時は金に任せて巨大コロニーを造り上げ、生産力の可能な「家庭」を守るために次々に障害者を送り込み、ひとたび不況、インフレが起れば「福祉見直し論」をブチ上げ、僅かばかりの手当まで打ち切る「福祉政策」、障害者が街のなかで生きることに動物的嫌悪感を懐き、車イスのバス乗車をはじめ、自分達の「労働」と「生活」を守る為には、障害者の切実な要求をも抑圧して行こうとする労働者達。障害者児の存在を己れの恥とし、己れ自身で殺していく親達。障害者の存在を異形、異質の物としてのみ捉え、隣人として、また、仲間として捉えることのできない地域の住民たち。そうした健全者社会の在り方すべてが、障害者を、そして私を殺していくのである。

（『障害者殺しの思想』九頁）

政治・行政から、労働者・親・地域住民に至るまで、〈健全者社会の在り方すべて〉が障害者を差別し、障害者を殺す側にいるという強烈な告発が綴られています。これは換言すれば、世の中すべてが障害者の敵だと指摘しているようなものですから、こうした横田の論調は当然多くの反発を招きました。

そうした反発は、「無理にことを荒立てるよりも、社会から気に入られる存在でいた方が良い」「気持はわかるけれども、もっと穏やかに伝えるべきだ」といったアドバイスめいた忠告から、「障害者は身の程をわきまえろ」「福祉の世話になっているのに生意気だ」といった感情的な反感まで、多岐にわたりました。

こうした批判を受けながらも、青い芝の会は「健全者批判」を緩めることはありませんでした。同会がなぜここまで激しい物言いをしたのか。その理由について、横田弘は次のように述べています。

僕たちが甘い顔見せれば、健全者がどかどか僕たちの生活に踏み込んでくる。そういう時代だった。だからあそこまで言わなきゃなんなかった。

（「やっぱり障害者が生きていることは当たり前じゃない」）

〈健全者がどかどか僕たちの生活に踏み込んでくる〉とは、一体どういうことでしょうか。これについては狭義と広義の二つの論点があると思われます。

まず狭義の点については、学生運動との関わりがあります。

一九六〇年代、世界的に高まったベトナム戦争反対の機運は日本にも波及し、若者（特に学生）たちを中心として、平和運動が盛り上がりました。社会変革を通じて平和な世界を構築したいという学生たちの熱意は、その後、旧弊な官僚的体質を備えた大学の解体、日米安保条約反対、帝国主義的な国家権力の粉砕などを掲げた運動へと広がっていきます。

一九六八〜六九年にかけては、東大闘争・日大闘争・三里塚闘争などで、学生と機動隊が激しく衝突するような事態に至りました。こうした運動は、一九六九年の東大安田講堂での攻防戦を期に収束していくのですが、一部の若者たちが極端に先鋭化し、およそ人々の支持を得られないような路線へと突き進み、あさま山荘事件（一九七二年）を起こした連合赤軍のような存在が生まれたことは周知の通りです。

横田弘らが「障害者差別」を糾弾する運動をはじめた当時、障害者運動の現場には、学生運動を経験した若者たちが「介助者」や「支援者」として入ってきていました。中には、学生運動の敗北後、国家権力との新たな闘争の場を求めて障害者運動に加わった者も少なくありませんでした。

そうした運動家たちは知識もあり、行動力にも富んでいたため、障害者運動の現場でも主導権を握ってしまい、障害者が一方的に担がれてしまうような事態がたびたび生じていたのです。

横田弘が言う〈僕たちが甘い顔見せれば、健全者がどかどか僕たちの生活に踏み込んでくる〉というのは、狭義の意味では、こうした運動家たちに対して警戒しなければならなかったということです。

一方、広義の点については、もう少し根源的な次元で、「障害者と健全者の力関係」の問題が考えられます。

横田が批判する「健全者」というのは、学生運動を経験した者だけではありません。それ以外の人たちのことも指しており、中には障害者の親も含まれています。

親も含め、障害者に関わる「健全者」たちは、ついつい「障害者のためを思って」という理由で、「こうした方が良い」ということを障害者に押しつけてしまいます。

多くの場合、「健全者」は障害者に比べて社会経験が豊富です。そのため「健全者」は、自身の体験に基づいて、「障害者が進むべき道」を障害者に代わって判断してしまうことがあります。

例えば、「車椅子を押す」という行為一つをとってみても、障害者が「あそこに行きたい」といっても、介助者が「危ないから行くべきでない」と勝手に判断したり、障害者が「あの道を通ってほしい」といっても、介助者が「こちらの道の方がよい」という判断をしてしまうことがあります。

横田たちは、こうした「代わりにしてあげる」という発想を厳しく批判しました。というのも横田たちは、「代わりにやってあげる」という「健全者」の姿勢によって、自分のことを自分で考えたり、自らの意思によって物事を決めたりすることを禁じられてきた経験を持っていたからです。

一見、善意を装った「健全者」の姿勢が、結果的に、障害者から「主体性」や「自分のことを自分で考える力」を奪い、無力化していくことを肌感覚で知っていたのです。

これは横田弘という一個人に限った話ではなく、青い芝の会はいずれの支部においても、「障害者と介助者の力関係」については非常に強い関心をもっていました。特に「行動綱領」を起草した横田という人物は、この問題について敏感な感性を備えていました。

横田の厳しさを象徴する証言もあります。前章でも紹介した九龍ジョーさん（編集者・ライター）は、ふとしたことがきっかけで横田から叱られた経験を、次のように振り返っています。

横田さんとの思い出で、ずっと覚えていることがあって。事務所にいたら、横田さんが膝ですりすり歩いていたんです。すると、横田さんのちょっと先を大きな荷物が塞いでいた。邪魔だろうなと思って、それをどかしたんですね。そうしたら、「なんでどかしたんだ?」って問いつめられて。「邪魔だとおもいました」と答えたら、「ぼくはそれをどかしてなんて頼んでいない」って言うんです。たしかに、横田さんはどかしてほしいなんて一言も言わなかった。ぼくが勝手にどかしたわけです。横田さんは「なぜどかしたのか、自分の口で説明しろ」と。

そのとき、ぼくの中のなにかが試されていると感じました。横田さんたちには、そうやって他人に勝手な先回りをされることで行動を制限されてきた、という歴史があるわけです。だからこそ、ぼくが勝手に荷物をどかしたことを、厳しく問い詰めたんだと思います。青い芝の会のやってきたことの片鱗に、触れた気がした瞬間でした。

（九龍ジョー「運動はすぐそばにある」）

障害者が生活していくために障害者運動があるのだとしたら、「生活」と「運動」の両面において、障害者の意思が尊重される必要があります。また、障害者本人が意思を持つことも必要ですし、そうした意思が芽生えることのできる状況を整えることも必要です。

†在宅障害者たちの声

横田弘にしてみれば、障害者は、障害者だから、、、、こそ「自らの意思」にこだわらねばならないという思いがあったようです。『障害者殺しの思想』には次のような記述があります。

私たちの肉体は、生まれた時から、あるいは、CPとして発病した時から奪われつづけてきている。

言葉も意識も肉体のあり方を基として発想される。つまり、奪われた肉体であるところのCP者は、常に奪われた言葉と意識でしか物を見ることしかできないし、行動することもできないのだ。（三八頁）

脳性マヒ者は〈常に奪われた言葉と意識でしか物を見ることしかできないし、行動することもできない〉とあります。ここでいう〈言葉と意識〉を〈奪われ〉るとは、具体的にどういった状態なのでしょうか。実はこの点にこそ、横田がストイックなまでに「自らの意思」を求めた要因が隠されているように思います。

この問題を考える上で、とても重要な資料があります。第一章でも紹介した身体障害者たちの文芸同人誌『しののめ』です。

この雑誌は、日本初の公立肢体不自由児学校・東京市立光明学校（現在の都立光明学園の前身）の卒業生たちによって、一九四七年に創刊されました。戦後、障害者本人によって創刊・運営された文芸誌としては、管見の及ぶ限り、最も早い事例のものです（荒井裕樹『障害と文学』）。

当時の光明学校は、現在から見ても驚くほど高度な教養教育が試みられていました。しかし、そうした貴重な教育を受けた児童たちも、卒業後の進路には何の保障もなく、卒業と同時に実家に押し込められ、ほとんど外出の機会を得られないような生活を強いられることが少なくありませんでした。

手書き時代の『しののめ』
しののめ編集部所蔵

こうした事態に危機感を持った卒業生有志が、共通の趣味である文学を中心とした雑誌を作り、つながりを保ち続けることを目的に『しののめ』を創刊しました。ただし「創刊」といっても、当初は手書きの原稿用紙を綴じ込み、仲間内で読み合う回覧誌でした。

その後、『しののめ』は、主に親の介助を受けながら生活している在宅障害者たちへと浸透し、徐々に会員数を増やしていきました。この中から、「文学」だけでなく、実際の「生活」を改善することに関心を持った脳性マヒ者たちが集まり、暖簾分けのようなかたちで初期青い芝の会が誕生したのです。

実は、横田弘も「しののめ」に所属していました。『しののめ』四二号（一九六〇年一〇月）から加入し、熱心に詩や随筆を投稿していきます。

たびたび引用している横田の著書『障害者殺しの思想』は、一九七四年に発行された冊子『炎群《ほむら》——障害者殺しの思想』を基にして増補改訂されたものですが、この『炎群』も「しののめ」グループの叢書のひとつとして出版されています。

『しののめ』は文芸同人誌としては異例の長寿を誇り、二〇一二年に終刊号「特集　終刊号なんて認めない」を出すまで、障害者の自己表現の場としての役割を果たしました。六五年間、計一一二号に及ぶ歴史の中で、最も盛り上がりを見せたのは、一九五〇年代後半から六〇年代半ばにかけての約一〇年間です。

第一章で見たとおり、この頃には、障害者の親たちによって福祉の充実（特に施設の増設）が切実に求められ、その後コロニー構想が実現することになります。その意味では、日本の障害者福祉が拡充していく時期にあたります。

障害者の親たちが声高に福祉の充実を叫ぶ裏側で、当の障害者本人たちは、日々、何を考え、何に悩みながら生活していたのでしょうか。『しののめ』という文芸誌が第一級の資料的価値を有するのは、こうした時代に、親の介護のもとで生活していた在宅障害者たちの赤裸々な声が綴られている点にあります。

例えば、六〇年代の『しののめ』には、障害者が生きる場をめぐる議論や、自身の障害を受け止めようとする葛藤を綴った文章が盛んに投稿されています。関連する特集をあげると次のようなものがあります。

四三号（一九六一年二月）　特集「重度障害者収容施設」
五四号（一九六四年一〇月）　特集「思春期」
五五号（一九六五年一月）　特集「青春期（Ⅰ）」
五六号（一九六五年六月）　特集「青春期（Ⅱ）」
六一号（一九六七年六月）　特集「家族」
六五号（一九六九年六月）　特集「在宅身障者」

『しののめ』47号表紙
国立国会図書館所蔵

中でも、六一号（特集「家族」）や、六五号（特集「在宅身障者」）などでは、親に介護されることの苦労や、親への不平不満を綴った文章などが散見されます。

　こうした貴重な議論が記録されている『しののめ』ですが、ここでは特に、一九六二年四月に発行された特集「安楽死をめぐって」（四七号）を採り上げたいと思います。

　六〇年代初頭は、人間の生命を一定の条件の下に線引きすることは許されるのか、といった議論が社会的な関心を集めました。司法の現場で「安楽死六要件」を定めた名古屋高裁山内事件判決が出されたのも、一九六二年一二月のことです。

「安楽死」という言葉は、現在では「回復の見込みのない末期患者に対し苦痛緩和を目的に行われる処置」といった意味で用いられています。しかし、当時の週刊誌などを確認すると、主に「安楽死」の対象として議論の的になっていたのは「生きる喜びを得られない」とされた重度障害者たちでした（前掲『障害と文学』）。

『しののめ』の「安楽死」特集号でも、自分たちが「安楽死」の対象にされかねないことについて、重度障害者としてどのように考えるかが議論されています。

本書では、この特集の詳細に踏み込むことは避けましょう。ここでは、さしあたり、この特集に寄稿された、ある重度障害者の文章に注目したいと思います。

†「憤懣」が自身を責め苛む

次に引用するのは、「安楽死」特集号に寄稿された重度障害のある女性の文章です。生後すぐに小児麻痺となり、〈足は完全に、手は九分通り駄目〉という重度の障害があり、親元で生活している人物のようです。

この女性は、「安楽死」を議論した同特集号の中で、重度障害者への「安楽死」を最も強く支持しています。彼女の文章から気になる一節を引用しましょう。

健全者は障害者の不自由さを知らないので「たとえ身体は不自由でも心の持ち方で健

全者より幸福になれる」という人がありますけれど、それは理屈だけの言葉で怒りすら感じます。吾々の不自由さは理屈や心の持ち方で解決することではないのですからね、憲法の二十五条を持ち出すまでもなく、人間として生きて行く最低の条件は、自分の身辺雑事が出来る事であり、自分の生活費を自分で得る事だ、と考えて居りますので、この両方ともに満たされない各種の重障者や白痴状態の人々には、正直に云つて、人の情に頼つて生かされている日々しかなく、人の情に頼りたくない、と思えば自殺するより仕方のない人生でも、やはり生きている方が幸福でしょうか、私は強い疑問を感じないでは居られないのです。

（正木恒子「母と子の立場から」）

障害者への安易な同情に対する怒りがこもった文章ですが、ここで問題にしたいのは、そうした言葉が向かう方向です。怒りの感情が内側へとこもり、自分が生きる意味を自分で低く押さえ込もうとする方向へと走っているように思えるのです。

特に傍線部に注目してみましょう。引き合いに出されている憲法二五条とは、〈すべて国民は、健康で文化的な最低限度の生活を営む権利を有する〉という、いわゆる生存権を規定した条文です。しかし、この文章を書いている本人は、憲法二五条を〈人間として生きて行く最低の条件は、自分の身辺雑事が出来る事であり、自分の生活費を自分で得る事〉と誤った捉え方をしています。

彼女の生存権への理解（誤解）を解きほぐしてみましょう。どうやら当人は、〈自分の身辺雑事〉を自分で行なうことができ、〈自分の生活費〉を自分で稼げることが、〈人間として生きていく最低の条件〉であり、その〈条件〉を満たした者だけが〈健康で文化的な最低限度の生活を営む権利を有する〉と解釈しているようです。

「義務を果たした者にのみ権利は与えられる」とは、「権利」という概念についての世間でよく見る誤解（無理解）ですが、それにしても、どうしてこの人物は、自身も障害者でありながら、自分たちの味方であるはずの生存権を、このように歪んだかたちで解釈しているのでしょうか。

実は、彼女の文章の後半に、その答えらしきものが見えてきます。同居する父親への憤懣が赤裸々に綴られているのです。

本当に誠実な愛情を吾子に持ち続けている父親でも、無収入な重障者が異性の身障友人を持つ事を許さないか、黙認しても軽蔑的視線を投げる人が多く、こうした面で父への激しい不満を持っているが故に父への愛情を失つた人も居ります。この問題でも母は吾子を信じ理解を示す人が多いのに父親は他人の様に「収入もなく歩けもしない者が、一人前の異性の友人が欲しいなどとは、身のほどを知らぬ、扶養されている者は、その立場らしく暮らせ」と云つた考え方を言動で示します。外出不可能な重障者に致命的なこうした父親の考えにも服従するしかなく、その結果は孤独感だけが深まり、ニヒルな気持になるのは当然でしょう。

傍線を付した箇所、カギ括弧で父親の言葉が直接話法で紹介されている部分に注目してみましょう。先ほどの生存権の誤解（無理解）とぴったり重なります。〈自分の身辺雑事が出来る事〉が、〈歩け〉ることに該当し、〈自分の生活費を自分で得る事〉が、〈収入〉があることに該当しています。こうした最低限度の自立ができてこそ、〈異性の友人が欲しい〉という〈一人前〉の権利を主張できるというわけです。

おそらくこの女性は、日常的に、父親からこうした言葉の抑圧を受けていたのでしょう。この文章を読んでいると、障害者を抑圧する親の言葉が、ほとんどそのまま障害者本人の口から出てきていることに気付かされます。

障害者を抑圧する父親への憤懣が、当の父親には向かわず、なぜか障害者である自分を責め苛むような方向へと向かっている点にも注意が必要です。

圧倒的に弱い立場に置かれた人が、自身がその立場に置かれていることへの怒りや悲しみを表現しようとする際、他ならぬ自分自身を否定するような言葉を発することしかできない事例は、マイノリティの自己表現にはしばしば見られます。

実は横田弘も、この『しののめ』「安楽死」特集号を読んだ感想を寄稿しています。その場で、彼は次のように綴っています。

> 重度障害者に精神の昇華など望めません。
>
> 現実の日常生活でも、ボタン一つ掛けられず、毎日の生理的欲求さえ人の顔色を窺わなければ云いだせない。一片のパン、一杯の水さえ自分の意志ではどうする事もできない重度者に、なんの可能性ですか。なんの生命の価値ですか。
>
> （横田弘「過程」）

一読すると、横田自身も、重度障害者の生きる意味を否定しているかのように読み取れる文章です。右に見た女性の文章と同様、怒りや憤懣などの感情を、自分自身の価値を貶めるというかたちでしか表現できないでいる様子が見受けられます。

六〇年代の『しののめ』に寄せられた在宅障害者の文章を読んでいると、こうした表現回路を持つものと出会うことが少なくありません。差別や抑圧を受けた痛みを表現しようとすると、自分を差別・抑圧する人たちが使っている言葉でしか語ることができない状況が、そこにあったのではないかと思うのです。

こうした言葉を、私たちは「誰の言葉」として受け止めればよいのでしょうか。

先に紹介した横田の言葉を思い出してください。障害者は〈常に奪われた言葉と意識でしか物を見ることしかできないし、行動することもできない〉とありました。〈言葉と意識〉を〈奪われ〉るとは、おそらく、このような状態のことを示しているのだと思われます。

†「理解」と「支配」は紙一重

しばしば「障害者運動」とは、確たる「主体性」や「意思」をもつ「強い」障害者が行なうもの、といったイメージで受け止められることがあります。

もちろん、そうしたイメージを持たれるのには、それなりの理由が存在するでしょう。特に青い芝の会は、他の運動団体よりも「主体性」や「本人の意思」を大事にしたため、そうした姿勢が多くの人からストイックなものとして受け止められたことも事実だと思います。

近年では、七〇年代以降の障害者運動が積み上げてきたこうした理念がドグマ化し、街中での自立生活を送る障害者に対して、確固たる「主体」と「意思」を備えた〈強い障害者〉であることを過剰に強いてしまう問題も指摘されています（油田優衣「強迫的・排他的な理想としての〈強い障害者像〉」）。

そもそも、自分の「主体」や「意思」とは、多分に状況依存的な側面があります。自分自身にさえ「自分は何者であるか」を説明しきれないことも珍しくありません（開かれた対話を通じてこうした自己像を模索していく「当事者研究」という営みも近年注目を集めています）。その意味では、いかなる状況にも左右されない「主体」や「意思」といったものを内在的に備えている人間など存在しません。

ただし、青い芝の会が声を上げたのは、障害者に「主体性」など存在しないと考えられていた時代です。障害者の「意思」も、親や専門家である「健全者」によって代弁されたり、代行されたりするべきだと思われていた時代です。

そうした時代状況において、自身の存在感を示すためには（自身が「存在」していることを示すためには）、「過激」とも思える言動を発しなければならなかったのでしょう。


横田弘は一九七〇年の時点で、〈今の我々は、相手に理解されようとする事よりも、むしろ相手に拒否される事が大切なのではないか〉と述べています（「メーデー会場にて」）。

そもそも「他人を理解する」とは、その他人が自分とは異なる存在であることを認めるところからはじまります。「相手は自分とは異なる存在なのだから、相手のことを勝手に決めてはならない」という最低限の一線を守らなければ「相互理解」など成り立ちません。「相手のことを勝手に決めてよい理解」は、強者による弱者の支配に他なりません。こうした「理解」は「自分の理解を超える者」「自分が心地よく理解できない者」を必ず攻撃します。

横田が〈理解〉よりも〈拒絶〉が必要だと感じたのは、「あなたとは異なる存在がここにいるのだ」といったメッセージを発するためだったのだと思われます。真の「相互理解」を築き上げるためには、一度、根底から〈拒絶〉され、「健全者には理解できない障害者」といった像を立ち上げる必要があったのでしょう。

青い芝の会の運動とは、「健全者」たちから過激だと忌避されるような言動を通じて自己主張しなければ、自分たちの存在などないものとされてしまう立場に置かれていた障害者たちによる闘いだったと言えるでしょう。

あるいは、「健全者」から「過激」と受け止められる言動を通じて、自分自身が「主体」や「意思」を備えた存在であることを確かめようとしていたといってもよいかもしれません。

同会の「行動綱領」第二項には〈われらは強烈な自己主張を行なう〉とありました（第二章参照）。しかし、本章でも見てきたとおり、障害者運動は「もともと自己主張できる人たち」がはじめたものではありません。むしろ、そもそも「主張すべき自己」とは何か、それを自分は持ち合わせているのかについて、葛藤するところからはじまったのです。

第五章

障害者は殺されても仕方がないのか

二〇一六年夏、「感動ポルノ」という言葉が話題になりました。

きっかけとなったのは、Eテレの情報バラエティー番組「バリバラ〈Barrierfree Variety Show〉」です。同番組が、日本テレビ系列の有名チャリティー番組「24時間テレビ39『愛は地球を救う』」の終盤と重なる時間帯にぶつけて、「検証！〈障害者×感動〉の方程式」と題した生放送を行ない、「24時間テレビ」に見られるような障害者の描き方を批判したのです。

もともと「感動ポルノ」という言葉は、豪州のジャーナリスト、ステラ・ヤングのものとされています。Eテレの同企画を詳細に報じた『朝日新聞』（二〇一六年九月三日）の記事には、以下のようにあります。

番組では冒頭、豪州のジャーナリストで障害者の故ステラ・ヤングさんのスピーチ映像を流した。ステラさんは、感動や勇気をかき立てるための道具として障害者が使われ、描かれることを、「感動ポルノ」と表現。「障害者が乗り越えなければならないのは自分たちの体や病気ではなく、障害者を特別視し、モノとして扱う社会だ」と指摘した。

（「『障害者×感動』を問う」）

傍線部のステラ・ヤングの主張は、日本の障害者運動が叫んできたスローガンとも重なります。第一章で紹介した「全障連」は、「障害からの解放ではなく、障害者差別からの解放」を叫びました。洋の東西を超えて、また時代を超えて、社会を問い直す障害者が発したメッセージに共通する部分があるのはとても興味深いことです。

「感動ポルノ」という言葉が秀逸なのは、障害を乗り越えるためにがんばる健気な障害者に感動し、一方的に元気をもらう消費者的な態度を的確に言い当てたところにあるでしょう。こうした障害者の姿を見て感動した人は、感動したこと自体が差別に通じる証拠だと言い当てられているわけですから、何とも鋭く厳しい言葉です。

ステラ・ヤングのように、障害者を固定的な価値観に包んで捉えることを批判する主張は、これまでにも様々な論者から提出されてきました。例えばロイス・キースの評論『クララは歩かなくてはいけないの?』は、『ハイジ』や『若草物語』といった古典的名作に描かれた少女像・障害者像を批判的に検討した名著です。

本書で紹介している青い芝の会も、こうした「障害者の描かれ方」に強い関心をもち、たびたび抗議行動を行なってきました。例えば一九七九年、小学館発行『ビッグコミック・オリジナル』（九月五日号）に掲載された『夜光虫』（柿沼宏作、篠原とおる構成・画）vol.100「児心音異常」が、障害者殺しを肯定的に描いているとして抗議しました。青い芝の会が小学館に送った抗議文には次のようにあります。

（当該作品は）私達脳性マヒ者を「不幸な存在」、「親の負担になる存在」としてのみとらえ、しかも脳性マヒ児を

「障害児殺し」描く劇画誌回収

関係者の抗議殺到

「まっ殺 正当化の危険性」

障害者の視点欠落

障害者団体などからの抗議で回収されることになった「ビッグ・コミック・オリジナル」17号

青い芝の会の抗議を伝える記事
『朝日新聞』1979年9月5日夕刊6面

殺すことによって「不幸」を取り除くという悪質な描き方を行っています。
これは脳性マヒ者の生存権の否定であり、脳性マヒ者の存在を「悪」としてのみとらえるという、私達脳性マヒ者としては絶対に許すことができない作品です。
（『あゆみ』四九号、所収）

青い芝の会がここまで怒った当該作品は、どのような内容だったのでしょうか。本件を詳しく紹介している『朝日新聞』（一九七九年九月五日）の記事には、以下のようにあります。

そのあらすじは、心臓病の主婦が男の赤ちゃんを生んだが、この子は重症の脳性マヒ。母子がそろっての病気に一家はうちひしがれ、主人公の女医らも悩む。そうした中で、赤ちゃんをとりあげた産婦人科医が、「病気の母親と不幸な父親を救うために」として、子どもの点滴液に薬品を注入、殺す。この中で作者は、主人公に「あの子は夫婦にとって重荷でしかないと思う」「医師というのは、もともと〝神のように汚れた手〟を持っている。だから医師は場合によっては〝神〟にならなくてはならない」と語らせ、医師の障害児殺しを肯定的に描いている。（「『障害児殺し』描く劇画誌回収」）

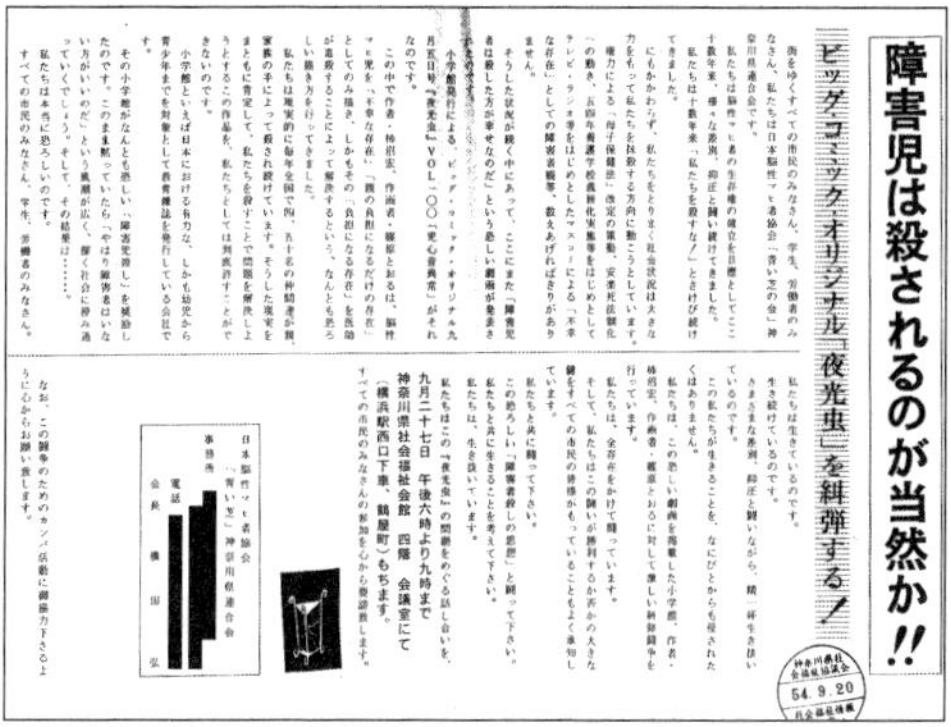

障害児は殺されるのが当然か!!

ビッグ・コミック・オリジナル「夜光虫」を糾弾する！

街をゆくすべての市民のみなさん、学生、労働者のみなさん、私たちは日本脳性マヒ者協会「青い芝の会」神奈川県連合会です。

私たちは脳性マヒ者の生存権の確立を目標としてここ十数年来、様々な差別、抑圧と闘い続けてきました。

私たちは十数年来「私たちを殺すな！」とさけび続けてきました。

にもかかわらず、私たちをとりまく社会状況は大きな力をもって私たちを抹殺する方向に動こうとしています。

権力による「優生保護法」改定の策動、安楽死法制化への動き、五四年養護学校義務化実施等をはじめとしてテレビ・ラジオ等をはじめとしたマスコミによる「不幸な存在」としての障害者観等、数えあげればきりがありません。

そうした状況が続く中にあって、ここにまた「障害児者は殺した方が幸せなのだ」という恐しい劇画が発表されたのです。

小学館発行による「ビッグ・コミック・オリジナル九月五日号『夜光虫』VOL一〇〇「児心音異常」がそれなのです。

この中で作者・柿沼宏、作画者・篠原とおるは、脳性マヒ児を「不幸な存在」「親の負担になるだけの存在」としてのみ描き、しかもその「負担になる存在」を医師が抹殺することによって解決するという、なんとも恐ろしい描き方を行ってきました。

私たちは現実的に毎年全国で四、五十名の仲間達が親、家族の手によって殺され続けています。そうした現実をまともに肯定して、私たちを殺すことで問題を解決しようとするこの作品を、私たちとしては到底許すことができないのです。

小学館といえば日本における有力な、しかも幼児から青少年までを対象として教育雑誌を発行している会社です。

その小学館がなんとも恐しい「障害児殺し」を賛美したのです。このまま黙っていたら「やはり障害者はいない方がいいのだ」という風潮が広く、深く社会に浸み通っていくでしょう。そして、その結果は……。

私たちは本当に恐ろしいのです。

すべての市民のみなさん、学生、労働者のみなさん。

私たちは生きているのです。

生き続けているのです。

さまざまな差別、抑圧と闘いながら、精一杯生き抜いているのです。

この私たちが生きることを、なにびとからも侵されたくはありません。

私たちは、この恐しい劇画を掲載した小学館、作者・柿沼宏、作画者・篠原とおるに対して激しい糾弾闘争を行っています。

私たちは、全存在をかけて闘っています。

そして、私たちはこの闘いが勝利するか否かの大きな鍵をすべての市民の皆様がもっていることもよく承知しています。

私たちと共に闘って下さい。

この恐ろしい「障害者殺しの思想」と闘って下さい。

私たちと共に生きることを考えて下さい。

私たちは、生き抜いていきます。

私たちはこの「夜光虫」の問題をめぐる話し合いを、

九月二十七日　午後六時より九時まで

神奈川県社会福祉会館　四階　会議室にて

（横浜駅西口下車、鶴屋町）もちます。

すべての市民のみなさんの参加を心から要請致します。

日本脳性マヒ者協会
「青い芝」神奈川県連合会
事務所 [redacted]
電話 [redacted]
会長　横田　弘

なお、この闘争のためのカンパ活動に御協力下さるように心からお願い致します。

神奈川県社会福祉協議会 54.9.20

青い芝の会の『ビッグコミック・オリジナル』への抗議ビラ
神奈川県社会福祉協議会資料室旧蔵

青い芝の会は、この作品に見られる〈脳性マヒ者を「不幸な存在」、「親の負担になる存在」としてのみとらえ、しかも脳性マヒ児を殺すことによって「不幸」を取り除くという悪質な描き方〉を問題視しました。こうした漫画のストーリーが実社会の価値観と重なってしまうこと、また逆に、実社会の価値観が漫画のストーリーとして再生産され、「障害者殺し」を肯定する風潮が助長されてしまうことを警戒したのです。

青い芝の会からの抗議を受け、結果的に、版元である小学館は雑誌の回収に応じ、謝罪文を出すに至りました。

実は、青い芝の会がはじめて取り組んだ本格的な対外活動も、「障害者殺し」に関わることでした。「障害者殺し」そのものも批判しましたが、同時に「障害者殺し」が肯定的に描かれたり、語られたりする時、そこには許容し得ない欺瞞があることを指摘したのです。

†「加害者への同情」は許されるのか

青い芝の会がその名を広く知られるようになったきっかけは、障害児殺害事件に対する減刑嘆願反対運動でした（以下、減刑反対運動と表記）。第一章で概略を記しましたが、当時の新聞記事をもとに、事件の詳細を確認しておきましょう。

一九七〇年五月二九日、神奈川県横浜市金沢区で、重度脳性マヒのある女児（二歳）が、実母（三〇歳）に絞殺されるという事件が起きました。この母親からの往診依頼で訪れた医師が、子どもの死因に不審な点を見つけ、所轄警察署に届け出たことによって事件が発覚しました。

この家庭には三人の子どもがおり、そのうち二人に脳性マヒの障害がありました。特に殺害された女児（長女）は寝たきりで、事件前あたりまでは口をきくこともできなかったようです。石油会社に勤める夫は、月曜〜土曜まで出張で家を空けており、日曜に帰宅しては、また月曜から出張に出るという生活をしていました。

育児と介護に疲れた母親は、開所したばかりの重症児施設「こども医療センター」（神奈川県横浜市）に子どもを預けたいと考えていたようですが、このセンターは県立であるため、政令指定都市である横浜市民のための枠が少なく、入所を断られていました。母親は他の施設にも入所相談を行なったようですが、いずれも県と政令市の縦割りの壁に阻まれ、入所することができずにいました（「絶望に泣いた母と子」『朝日新聞』神奈川版、一九七〇年六月七日）。

事件直後の母親の様子は、次のように伝えられています。

> 髪はボサボサに乱れ、いかにも幼児をかかえての生活に疲れきった表情だった。調べに対してもほとんど泣くばかりで捜査員ももて余しぎみだった。
> （「小児マヒの子殺す」『読売新聞』一九七〇年五月二九日）

看病の心労が重なって発作的に犯行に及んだ、と同署では見ている。

（「脳性マヒの幼女殺す」『神奈川新聞』一九七〇年五月三〇日）

事件後、この母親と同じ立場にある人々が声を上げました。神奈川県の心身障害児父母の会連盟が、横浜市長に宛てて次のような抗議文を送付したのです。

横浜市金沢区で五月二十九日、またもや母親による障害児の殺害が起りました。親が自らの子どもを殺すまでに追込んだものに、私たちは同じ立場にあるものとして深い憤りを覚えます。施設もなく家庭に対する療育指導もない。生存権を社会から否定されている障害児を殺すのは、やむをえざる成り行きであると思います。日夜泣きさけぶことしかできぬ子と親を放置してきた福祉行政の絶対的貧困に私たちは強く抗議するとともに重症児対策のすみやかな確立を求めるものであります。

（前掲「絶望に泣いた母と子」）

事件が起きた住宅地の町内会でも、婦人部が中心となり、母親への減刑を求める署名活動が行なわれ、約七〇〇〇人分が集まったと報じられています（「罪は罪として裁け」『朝日新聞』神奈川版、一九七〇年七月六日）。

こうした「加害者である母親への同情」に対し、青い芝の会は抗議の声を上げました。彼らがどうしてこの事件に対して怒り、なぜ母親への減刑嘆願に反対したのか。その理由を次に整理しておきましょう。

横塚晃一『母よ！殺すな』と横田弘『障害者殺しの思想』には、この事件に関する詳しい記述があります。その記述に基づいて、青い芝の会が母親への減刑嘆願に反対した理由を四点にまとめて整理してみましょう。

一つ目は、この事件に関して、周囲の同情が殺した母親にばかり集まり、殺された障害児のことを誰も考えていないという点です。

実際、青い芝の会が減刑嘆願に反対している旨の報道がなされると（前掲「罪は罪として裁け」）、同会に対して〈残った母親をムチ打つのはかわいそうです〉〈もっとも大きな問題である施設不備をあいまいにすることで減刑反対の意見書はかえってためにならないと思う〉といった批判が寄せられました（「ムチ打つのは哀れ」『朝日新聞』神奈川版、一九七〇年七月一五日)。

二つ目は、減刑嘆願の裏には「健全者」たちの欺瞞があるはずだという点です。青い芝の会の会員たちは、障害児のいる家庭が周辺住民から冷遇されるという経験を味わってきました。この事件の背景にも、そうした地域の問題が存在しているはずなのに、それが顧みられることなく偽善的に減刑嘆願が行なわれていると批判したのです。

三つ目は、「悲劇」の原因が安直に施設不足へと結びつけられ、解決策として、親の立場からのみ施設の必要性が唱えられているという点です。

もしも障害児殺しという「悲劇」を避けるために施設が必要だとなれば、施設への入所は殺害の代替ということになってしまいます。青い芝の会は、こうした論理で施設を必要とするのは親であり、障害者はそのようなものを求めてなどいないと訴えました(第一章で見たとおり、当時は各地に巨大コロニーが建設されていた時期です)。

四つ目は、障害児の生存権が蔑ろにされることは、いま生きている障害者の生存権をも脅かすことになるという点です。

当時、この種の障害児殺害事件が起きた際、加害者である親が不起訴や起訴猶予になったり、裁判になったとしても無罪の判決が下ったりしていました。しかし、殺されたのが障害児だったから罪を問わないということになれば、障害者はいつ殺されるかわからないという恐怖と共に生きなければならなくなります。

以上のような点から、青い芝の会は母親への減刑嘆願反対を訴え、厳正な裁判が行なわれることを望みました。彼らは街頭演説を行なったり、検察庁や裁判所に対して厳正な裁判を求める意見書を提出するなどの活動を行なったのです。その意見書には、次のようにあります。

街頭演説する横田弘『さようならCP』より
©疾走プロダクション

たとえ寝たきりの重症児でもその生命は尊ばれなければなりません。本事件の原因を施設が足りないこと福祉政策の貧困に帰してしまうことは簡単です。しかしそのことによって被告の罪が消えるならば即ち本裁判においてもしも無罪の判決が下されるならば、その判例によって重症児（者）の人命軽視の風潮をますます助長し脳性マヒ者をいよいよこの世にあってはならない存在に追い込むことになると思われます。

（『あゆみ』一〇号、所収）

結果的に、この事件は発生から一年後の一九七一年六月に横浜地検によって起訴され、第一回公判から一ヶ月で結審し、被告となった母親には懲役二年、執行猶予三年の判決が下りました。

この減刑反対運動のなかで、青い芝の会が闘った相手とは何だったのでしょうか。

個別の相手を名指しすれば、それは障害児を殺害した被告本人であり、横浜市長宛に抗議文を送った神奈川県心身障害児父母の会連盟であり、減刑嘆願の署名活動を行なった地域住民とそれに同調した人々であり、被告を一年間も起訴せず殺人罪の最低懲役三年よりも短い二年を求刑した横浜地検であり、わずか一ヶ月の公判で執行猶予判決を出した横浜地裁であろうと思われます。

しかし、また一方で、彼らは「障害者は不幸」「障害者は悲劇の原因」「障害者は施設で生きるしかない」「障害者は殺されてもやむを得ない」といった固定的な価値観（常識）とも闘っていました。

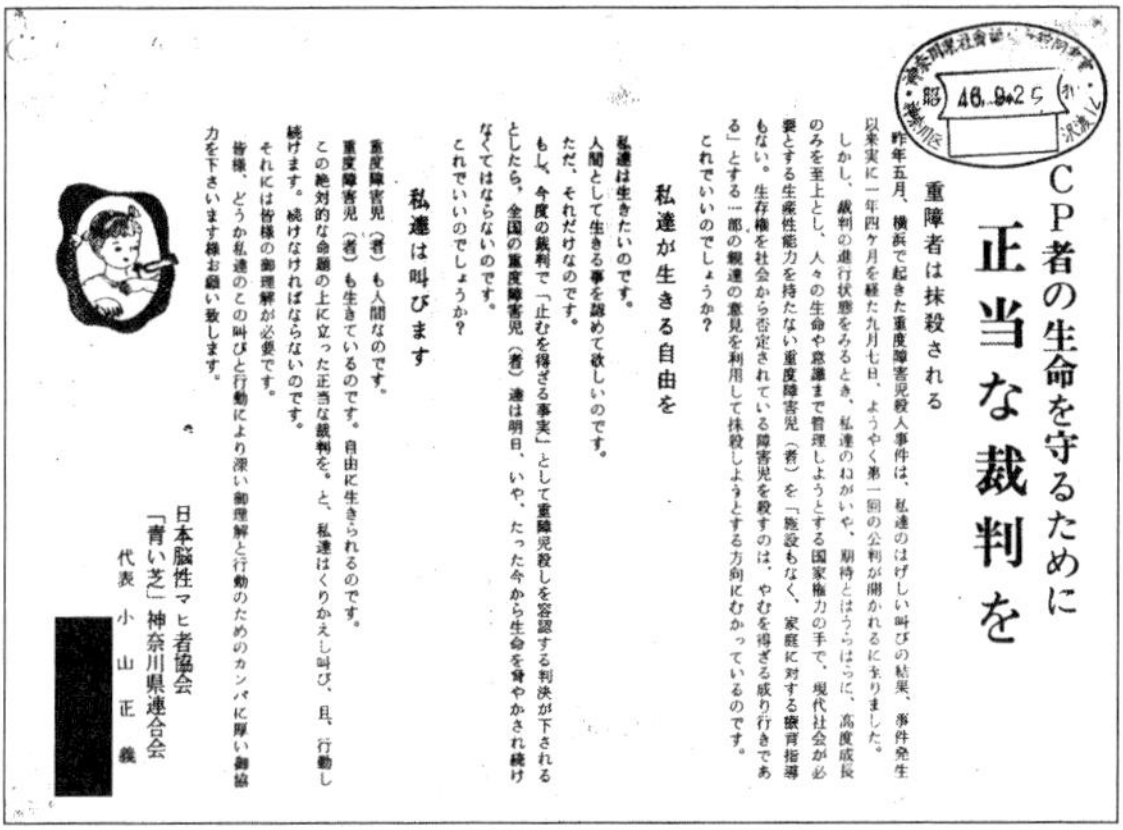
CP者の生命を守るために
正当な裁判を

重障者は抹殺される

昨年五月、横浜で起きた重度障害児殺人事件は、私達のはげしい叫びの結果、事件発生以来実に一年四ケ月を経た九月七日、ようやく第一回の公判が開かれるに到りました。

しかし、裁判の進行状態をみるとき、私達のねがいや、期待とはうらはらに、高度成長のみを至上とし、人々の生命や意識まで管理しようとする国家権力の手で、現代社会が必要とする生産性能力を持たない重度障害児（者）を「施設もなく、家庭に対する療育指導もない。生存権を社会から否定されている障害児を殺すのは、やむを得ざる成り行きである」とする一部の親達の意見を利用して抹殺しようとする方向にむかっているのです。

これでいいのでしょうか？

私達が生きる自由を

私達は生きたいのです。

人間として生きる事を認めて欲しいのです。

ただ、それだけなのです。

もし、今度の裁判で「止むを得ざる事実」として重障児殺しを容認する判決が下されるとしたら、全国の重度障害児（者）達は明日、いや、たった今から生命を脅やかされ続けなくてはならないのです。

これでいいのでしょうか？

私達は叫びます

重度障害児（者）も人間なのです。

重度障害児（者）も生きているのです。自由に生きられるのです。

この絶対的な命題の上に立った正当な裁判を。と、私達はくりかえし叫び、且、行動し続けます。続けなければならないのです。

それには皆様の御理解が必要です。

皆様、どうか私達のこの叫びと行動により深い御理解と行動のためのカンパに厚い御協力を下さいます様お願い致します。

日本脳性マヒ者協会
「青い芝」神奈川県連合会
代表 小山正義

[redacted]

青い芝の会減刑反対運動で作成したビラ
神奈川県社会福祉協議会資料室旧蔵

障害者の問題について考える際、なぜ「健全者」たちは、こうした枠組みのなかでしか思考できないのか。横塚晃一は、そうした思考を〈無責任な同情論〉だとして、厳しく批判しています。

> この事件が発生するや、新聞をはじめとするマスコミは「またもや起きた悲劇、福祉政策の貧困が生んだ悲劇、施設さえあれば救える」などと書き立て、これに呼応して地元町内会や障害児をもつ親達の団体が減刑嘆願運動を始めた。（略）このようなマスコミキャンペーン、それに追随する障害者をもつ親兄弟の動き、そしてまたこれらに雷同する形で現われ

る無責任な同情論はこの種の事件が起きるたびに繰り返されるものであるが、これらは全て殺した親の側に立つものであり、「悲劇」という場合も殺した親、すなわち「健全者」にとっての悲劇なのであって、この場合一番大切なはずの本人（障害者）の存在はすっぽり抜け落ちているのである。このような事件が繰り返されるたびに、我々障害者は言い知れぬ憤りと危機感を抱かざるを得ない。

（『母よ！殺すな』九六〜九七頁）

†親の「殺意」を見据える

青い芝の会による減刑反対運動は、次の点において特異な運動でした。

一つは、「障害者の親」を批判したという点です。

もともと青い芝の会は（青い芝の会に通じる脳性マヒ者たちの運動は）、「親」への批判を言葉にしてきました（第二章参照）。横塚晃一も、この事件よりも前から〈親を通して我々の上に覆いかぶさってくる常識化した差別意識〉と闘わなければならない旨を訴えていますす（『母よ！殺すな』一二五頁）。

こうした親批判が、減刑反対運動を通じて、実際の行動となって現れました。

青い芝の会は、障害者の親がしばしば吐露する「この子よりも先に死ねない」「この子は自分が守らなければならない」という切実な思いにこそ、障害者を抑圧する心理が潜んでいると指摘しました。多くの親には、障害者と親が別々に生きていくといった発想がなく、障害者のすべてを抱え込もうとしてしまう。そうした親の態度が障害者の自立を阻む壁となり、その「抱え込み」が限界を超えて破綻した時、親子心中や子殺しが発生すると、彼らは批判したのです。

青い芝の会の「行動綱領」は、第三項で〈われらは愛と正義を否定する〉と宣言していましたが、このテーゼが起草された直接的なきっかけも、この事件でした。「障害者にはこうしてあげるのがよい」という親の〈愛と正義〉が、障害者を抑圧すると訴えたのです。

もう一つは、親を批判すると同時に、施設も拒絶したという点です。それまで障害者が生きる世界といえば、親元（実家）か施設のどちらかしかありませんでした。しかし、青い芝の会は、親元も施設も否定し、街中で生きることを求めたのです。

親元も施設も否定した彼らには、「では、どうすればよいのか」といった批判が集まりました。しかし、青い芝の会は、そうした「答え」を安易に出すことを拒否しました（「行動綱領」第四項には〈問題解決の路を選ばない〉とあります）。この理由について、横塚晃一は次のように述べています。

〈障害者が親と施設をどちらも批判すると〉まだ討議もされないうちに「じゃあどうすればいいのか」という言葉が返ってきます。この場合私は「そんなに簡単に『じゃあどうすればいいのか』などと言うな」と撥ね付けます。なぜなら相手の「じゃあどうすればいいのか」という言葉は、真にどうすべきかということではなく、我々の問題提起をはぐらかし、圧殺することが目的だからです。

（『母よ！殺すな』三一頁）

これまで青い芝の会について検討された研究では、この減刑反対運動の特異点として、主として右の二点が指摘されてきました。しかし、本章ではこれに加えて、もう一点、重要な問題を検討してみたいと思います。

障害児殺し事件が「健全者」の言葉だけで一方的に語られる際、あるいは、青い芝の会が警戒した〈愛と正義〉が振りかざされる際、ある重要な論点が隠蔽されてしまうことがあります。その問題について、考えてみましょう。
青い芝の会神奈川県連合会会報『あゆみ』および横田弘の『障害者殺しの思想』には、この事件の判決文が資料として収録・引用されています。判決文では、〈罪となるべき事実〉は次のように認定されています。

（略）昭和四五年五月二九日午前〇時頃、前記自宅奥六畳間の寝台に寝ていた●●が急に泣き出して顔を手で引掻いたりしている有様を見ているうち、自己および同児の将来に全く希望を失い、同児の将来のためには同児を殺害した方がよいととっさに決意し、傍らにあった前掛（昭和四六年押第二六六号）の紐を同児の頸部に巻いて強く締めつけ、よって同児をその頃同所において窒息せしめて殺害したものである。

（『あゆみ』一五号、所収。原文は●●に実名が入る）

被告である母親は、〈自己および同児の将来に全く希望を失い、同児の将来のためには同児を殺害した方がよいととっさに決意し〉て首を絞めたと認定されています。
将来を悲観し、子どもに同情したという判決文には、事件後に起きた減刑嘆願運動の影響（あるいは減刑を求める世論を意識した痕跡）が見られると思います。

しかし、この判決文と、事件発生直後の新聞報道とを照らし合わせると、気になる相違点が見えてきます。被告が実子の首を絞めた様子について、当時の新聞は次のように報じています。

> 同署で調べたところ、母親の●●●（三〇）が、同日午後零時ごろ、激しく泣きやまない●●ちゃんを「うるさい」とエプロンのヒモで絞め殺したことがわかり、●●●を殺人容疑で逮捕した。
>
> （前掲「小児マヒの子殺す」、原文は●●に実名が入る）

> 自供によると、Hさん方では三人の子供のうち二人が先天性脳性マヒで、特に長女は重症、生後二年七ヶ月の最近まで口もきけず寝たっきり。M子は二十八日夜十時ごろ子供を寝かせたが午前零時すぎ、長女だけが急に泣き出し泣きやまないので、昼間から子供の世話で食事もせずいらいらしていたせいでかっとなり首を絞めた。
>
> （前掲「脳性マヒの幼女殺す」、イニシャル表記は原文のまま）

新聞報道では、事件発生時の被告は、〈「うるさい」とエプロンのヒモで絞め殺した〉〈いらいらしていたせいでかっとなり首を絞めた〉と報じられています。一読して、判決文が認定した〈罪となるべき事実〉と、かなりの齟齬があります。

新聞報道と判決文を比較すると、母親が子に対し〈かっとなり首を絞めた〉事件が、母親が将来を悲観し、子に同情して首を絞めた事件へと変わっているのです。

本書では、この両者のどちらが「真実」であるかは判定できません。また、どちらが「真実」であるかなど、現時点から決めつけることに意味はないと思います。ここでは差し当たり、新聞報道には書き込まれていたものが、判決文から姿を消しているという点に注目したいと思います。

それは、母が子を手にかけた瞬間の殺意です。例えば横塚晃一は『母よ！殺すな』のなかで次のように指摘しています。

> 被告である●●●●●の警察での調書や公判での証言から明らかであるが、彼女は重症児である我が子を以前にも殺そうと思ったのであり、そして遂に無抵抗な二歳の子供

に兇刃を振るったのも他ならぬ彼女なのである。なぜ彼女が殺意をもったのだろうか。この殺意こそがこの問題を論ずる場合の全ての起点とならなければならない。

(『母よ！殺すな』四二頁、原文は●●に実名が入る)

たしかに、被告となった母親は育児に疲れ、福祉制度にも救済されず、極限にまで追い込まれていたことでしょう。この点は、青い芝の会も認めています。しかし、たとえそうであったとしても、被告となった母親は、犯行時には障害児への殺意を抱いたはずであり、その点が問われなければならないのだと横塚は指摘しています。

横塚が強く批判した〈無責任な同情論〉のなかでは、障害児に向けられたはずの殺意が姿を消してしまい、代わりに悲観と同情が際だって描かれているのです。

†「見たくないもの」を暴き出す

母が子に殺意を抱いたということ。それがどのような殺意であったのかということ。こうした事柄は、実は世間の人々が最も見たくないものかもしれません。

青い芝の会が「健全者」たちから倦厭された最大の理由は、こうした点にあると思われます。彼らは「健全者」が目を背けたくなるものの存在を真っ正面から指摘しました。その最大のものが、障害者への殺意でした。

青い芝の会は、親を含めた「健全者」の心には、障害者への殺意が潜んでいるのだと批判しました。殺意は「殺される側」にいるからこそ見えるものです。殺意を向けられた者は、自分に向けられた殺意を何か別のもの（例えば悲観や同情）に置き換えることなどできません。

特に、青い芝の会の中でも障害の重かった横田弘は、障害者への殺意に対して敏感でした。彼は『障害者殺しの思想』で次のように述べています。

> 今まで、CP者（児）が殺される度に繰り返されている施設不足のキャンペーン、或いは殺した側の親を救えという運動、その本質にある「無用の者は、社会から消えるべきだ」とする健全者社会の姿勢を捉えない限り、つまり、障害者を肉体的、精神的に社会から抹殺しようとしているのは、決して国家に代表される権力機構だけではなく、障害者福祉を大声で言い続けている革新政党、「障害者」解放を権力闘争への一過程として組み入れている新左翼の諸君を含めた、もっと言うならば、私たちを此世に送り出し

た直接の責任者である筈の親の心にゆらめく健全者の黝い炎群のなかに見据えない限り、障害者運動の出発はありえないのではないだろうか。

（『障害者殺しの思想』二八〜二九頁）

詩人でもあった横田らしく、〈黝い炎群〉という不気味な比喩で表現されているものこそ、障害者への殺意に他なりません。

横田弘は、四〇年に及ぶ障害者運動家としての活動を通じて、一貫して障害者殺しを批判し続けました。「健全者」たちの無意識下には、障害者は場合によっては殺されても仕方がないという思いが潜んでいるのではないのかと批判しました。横田が晩年に出版した対談集のタイトルも『否定されるいのちからの問い』です。

ある人が誰かに向けて殺意を抱くことは個人的な怨恨であり、それ自体が差別に該当するとは言い切れません。

しかし、この社会の中に「殺意を向けられたこと自体がなかったことにされてしまう人たち」がいたとしたら、あるいは「その人たちに向けられたはずの殺意が、悲観や同情などの言葉で粉飾されてしまう人たち」がいたとしたら、あるいは「その人たちに殺意を向けることが正義とされてしまう人たち」がいたとしたら、それはその人たちに対して極めて差別的な社会であると言わざるを得ません。

更に言えば、障害者に殺意を向けた人物に対し、殺意を向けざるを得なかった状況にあったことを同情する者は、その殺意を肯定したことになってしまうのではないか。青い芝の会の減刑反対運動からは、こうした問いかけが見えてきます。

そして、この問いかけは、現代を生きる私たちにも決して無縁ではありません。

二〇一六年に起きた相模原事件の記憶が風化の危機にあることは、序章でも紹介しました。障害者に凶悪な殺意が向けられ、殺害が実行されたという事実が、あまりにも容易に忘却されてしまうこの社会は、真摯に「障害者差別」と向き合う意思があるのでしょうか。

結局、あなたたちは、障害者は場合によっては殺されてしまっても仕方がないと考えているのではないか——青い芝の会の問いかけは、現在の私たちにも、重く、深く、響きます。

第六章

障害者にとって「普通の生活」とは何か

障害者が社会に向けて異議申し立てをする事例が起きると、SNSなどでは往々にして、激しい非難や中傷が飛び交います。

記憶に新しい例で言えば、二〇一七年六月、LCC(格安航空会社)のバニラ・エア航空で起きた騒動がありました。下半身不随で車椅子を使用する木島英登さん(木島バリアフリー研究所所長)が、バニラ・エア社が運行する飛行機(奄美空港発・関西空港行)に搭乗しようとした際、車椅子を降りて搭乗することを求められたのです。

二〇一七年八月七日の『朝日新聞』に、この騒動の詳細が記されています(「障害者配慮の社会 道半ば」)。それによると、バニラ・エア社は当時、昇降機などの設備を奄美空港に設置していなかったようです。そのため木島さんは、往路に関しては同行者に車椅子ごとかついでもらって飛行機を降りました。

後日、木島さんが奄美空港から関西空港に帰る際（復路）、車椅子ごと担ぐという方法を危険だとした同社によって（同社の業務委託を受けた空港職員によって）止められ、木島さんは仕方なく車椅子を降り、階段を背にして腕の力でタラップをあがらざるを得なかった、とのことです。

この問題についてSNSなどでは、木島さんに対して「ルールを守れ」「当たり屋」「クレーマー」などといった批判が寄せられました。この「ルール」が具体的に何を意味するのかがわからないのですが、おそらく、航空会社に事前連絡すべきだというくらいの意味なのでしょう。

しかし、『朝日新聞』の同記事によると、バニラ・エアは当時、関西・奄美便では〈車いすのお客さまから事前連絡があった場合、搭乗をお断りしていた〉といいます。また木島さんも、〈多くの荷物があったり、複数の車いすの人がいたりするなど過度の負担が予想される時は連絡をしている。ただ、過去には「当日空港で判断する」と言われて搭乗を諦めたり、電話でたらい回しにされたりした経験もあり、悔しい思いをしてきた〉とのことです。

飛行機のような公共性の高い乗り物は、誰でも乗れることが重要です。身体の状態によって「乗れる人」と「乗ることを認められない人」が出てきてしまってはなりません。また、公共交通機関には障害者差別解消法が定める「合理的配慮の提供」が求められています。車椅子利用者の搭乗を拒むことは、同法が定める「不当な差別的取り扱い」に該当するでしょう。

序章でも述べたとおり、障害者差別解消法は、国連の障害者権利条約に基づいて作られました。各国が議論を積み重ねた国際条約に基づき、正当な手続きで公布・施行された法律です。

木島さんに投げかけられたバッシングのなかに「ルールを守れ」とありましたが、こうした法律よりも優先して守らねばならない「ルール」とは、いったい何なのでしょうか(おそらく、マジョリティ側が作った「雰囲気」「空気」くらいの意味しかないのだろうと思います)。

繰り返しますが、公共交通機関は、誰でも使えるものでなければなりません。ある乗り物が車椅子にも対応可能であるということは、高齢で身体が自由に動かしにくい人も使用できるということですし、体調が優れず身体を動かすことが辛い人にとっても使用できるはずです。妊娠中の女性も、小さい子どもを連れた人も、使用できるはずです。誰でも住める街。誰でも使える乗り物。こうした事柄に反対する人はほとんどいないはずです。反対する理由がないからです。しかし、こうした主張を障害者が訴え、問題を提起すると、極めて強い感情的な反発が生じます。

この構図自体は、かつても、いまも、それほど大きく変わったようには思えません。なぜ、こうした感情的な反発が生じるのでしょうか。本章では、こうした点について、青い芝の会の抗議行動を例に考えてみたいと思います。

†川崎駅前バスロータリーでの闘い

バニラ・エアの騒動が起きた直後、かつて青い芝の会が起こした一つの「事件」が、やはりSNS上で話題になりました。青い芝の会による「川崎バス闘争」と呼ばれる抗議行動です。

一九七七年四月一二日、午後一時頃、青い芝の会のメンバーら約六〇人が、旧国鉄（現JR）川崎駅前バスターミナルに停車中のバスに次々と乗り込み、運行をストップさせるという騒動を起こしたのです。

詳細を報じる『読売新聞』（一九七七年四月一三日）には、次のようにあります。

十二日午後一時ごろ、車イスの身障者約六十人が、付添人にかかえられて、国鉄川崎駅前バスターミナル（三十五路線）発のバスに次々に乗車し始めた。身障者の人たちは、車内で車イスに座ると、付添人が一斉にバスから降りてしまったため「付き添いがいなくては、発車できない」と各バスの運転手が発車を見合わせた。このため、ピークの午後二時ごろには、川崎市営、東急、臨港の各バス、計三十路線四十六台が乗り込んだ身障者に〝バスジャック〟されたかっこうで立ち往生した。

（「車イス60人強行分乗　バス46台ストップ」）

当然、川崎駅前の現場は大混乱となり、多くの一般乗客たちが足止めされました。バスの運転手、バス会社社員、駆けつけた警察官らによって、乗り込んだ障害者の「説得」や「排除」が行なわれましたが、青い芝の会員も強行に抵抗し、中にはバスの窓ガラスを割ったり、消火器をぶちまけたり、車椅子を降りて路上に寝転んだり、地面を這い回るなどしてバスの運行を妨げた人もいました。

車イス60人強行分乗
バス46台ストップ
窓割り、座り込み、大混乱

市民は迷惑
妙案ないか

「川崎バス闘争」の様子を伝える記事
『読売新聞』1977年4月13日

この騒動は当日深夜まで続き、午後一一時二五分過ぎにようやく全員がバスを降りましたが、結果的に、川崎市営バス・東急バス・臨港バスの計三〇路線四六台がストップするという、前代未聞の事態に至りました。

右に紹介した『読売新聞』の記事で〈バスジャック〉という言葉が使われたためでしょうか、この抗議行動はしばしば「川崎バスジャック闘争」と呼ばれ、青い芝の会の伝説的な武勇伝として語り継がれています。『週刊新潮』（一九七七年四月二八日号）に掲載された「身障者のバス騒動を演出する川崎『青い芝の会』のリーダー」という記事にも、〈バスジャック〉という表現が見られますが、この抗議に参加した横田弘は「川崎バス闘争」と呼んでいました。

〈バスジャック〉と表現されてはいるものの、先の『読売新聞』の記事が過度にこの事件を煽り立てているというわけではありません。むしろ同紙は——特にこの問題を熱心に追いかけていた「谷川俊」という記者は——、後述する川崎・横浜両市を中心に起きた一連の騒動について、現在から見ても驚くほどリベラルな記事を書いています。

一方で、当日おこなわれた警察による障害者の「排除」には、極めて激しいものも含まれていたようです。横田弘は、次のように回想しています。

> 四月十二日の、激しい雨が降る真夜中の川崎駅頭で、私は、市民を装った私服刑事が女性の仲間の首を締めて何度も地面に叩きつけるところを見た。
>
> （『障害者殺しの思想』一五三頁）

それにしても、どうして青い芝の会は、ここまでして「バスに乗る」ことを求めたのでしょうか。また、それはただ単に「バスに乗ること」を求めただけの運動だったのでしょうか。そもそも、障害者が「バスに乗れない」ことは、障害者差別にあたるのでしょうか。

青い芝の会は、「バスに乗れない」ことを明確な差別だと受け止めました。そのことの意味について考えましょう。

†青い芝の会の訪問運動

右に紹介した川崎駅前での抗議行動は、青い芝の会の全国組織である「全国青い芝の会総連合会」（横塚晃一会長）による総力を挙げた抗議行動でした。総連合会は、同月九〜一一日まで、神奈川県鎌倉市で全国委員会を開催しており、各地から八〇名近い会員と、介助者・支援者たちが集まっていたのです。

実はこれ以前から、川崎市内では車椅子でのバス乗車をめぐって、青い芝の会とバス会社・市当局との間でトラブルが続いていました。横田弘『障害者殺しの思想』、青い芝の会神奈川県連合会会報『あゆみ』、そして当時の新聞記事を参照して、一連の騒動を整理しておきましょう。

事の発端は一九七三年まで遡ります。この頃、地方自治体の中には、車椅子のまま外出できる「身障者のための街づくり」を標榜する都市が現れました。そうした流れを受け、厚生省が「身障者モデル都市」づくりのための予算を計上したのです。

こうした動きに、青い芝の会は敏感に反応しました。車椅子のまま外出できる街といえば聞こえはよいのですが、そうした街づくりが、車椅子を自身で操作し得る程度の軽度者だけを念頭に進められ、車椅子を自身で操作できなかったり、仮に外出できたとしても経済活動には参加できなかったりする重度障害者を置き去りにしたり、排除したりするのではないか、と懸念したのです。

横田弘は、そもそも「身障者のための住みよい街づくり」というコンセプト自体が、〈「働ける」「稼げる」障害者を「街」の中に組み込む作業の表れでしかない〉と厳しく断じています（『障害者殺しの思想』一二四頁）。

そこで青い芝の会は、神奈川県、横浜市、川崎市に対して「『福祉の街づくり』について」という要望書を提出しました。計七項目に及ぶ要望書ですが、この要求項目の一つに〈障害者の生活の場としての施設がある地域を通る路線バスを始め、電車、バス等を、車椅子でも乗降できるように改造すること〉があります（『障害者殺しの思想』一二七頁）。

この要望書について、神奈川県と川崎市は無回答。唯一返答のあった横浜市も〈現行路線バスでは困難〉という、実質的なゼロ回答でした。

しかしながら、実際は、青い芝の会員たちは日常的に路線バスを利用していました。利用する側（車椅子利用者）も平気で乗り込み、運転手側も狭い乗車口ではなく、幅の広い降車口を開けてくれたり、運転にもそれなりに気を遣ってくれたり、〈お互いが暗黙の内にその存在を認め合っていた〉ようです（『障害者殺しの思想』一四二頁）。

一九七六年六月、こうした状況に変化が訪れました。この年、川崎市脳性マヒ者協会（青い芝の会神奈川県連合会を構成する一支部）の会長が代替わりし、矢田龍司が新会長として選出されたのです。矢田新会長は、車椅子の脳性マヒ者が街に出て行くことを重要視しました。それまで家の奥深くに押し込められ、外の世界を知らぬまま生活していた重度脳性マヒ者たちを街に連れ出す「訪問運動」に力を入れはじめたのです。

新会長の方針に基づき、青い芝の会員たちは、在宅障害者の家庭訪問を行なったり、青い芝の会の事務所へと共に連れ立ったり、といった活動を熱心に行ないました。その結果、会員が特定の地域の路線バスを使用する機会が増え、バスの運転手が車椅子利用者を介助する機会・負担が増加してしまったのです。

こうした状況に対し、一九七六年一二月一日、川崎市交通局は実質的な「車椅子お断り」に踏み切りました。『読売新聞』の記事（一九七六年一二月一一日）によると、同市交通局は市内で営業するバス会社に対し、〈(1)車イス障害者でも、介護者がいて、乗車口から車イスを折りたたんで乗り、車内で座席に座る場合は認める(2)しかし、車イスのまま降車口から乗るのは、介護者がいてもお断り〉という方針を通知しました（「バスに車イスお断り」）。

この方針に、市営バスや民間バス会社も同調してしまいました。同じ新聞記事によると、交通局ならびにバス会社が示した法的根拠は次の通りです。

①いま走っているバスには、車イスを車内で固定するなどの安全設備がなく危険（道路運送法一五条）

②車イスが出入口や非常口をふさぐ（運輸規則三六条）

③降車口からは乗せられない（運輸省の認可事項）

これに対し、青い芝の会は次のようなコメントを寄せています。

先月までは、親切に抱きかかえて乗せてくれる運転手もいたが、いまはどの運転手も冷たい。一般の乗客だって、われわれと一緒に乗ることを拒んではいない。前のように無条件で乗せるべきだ

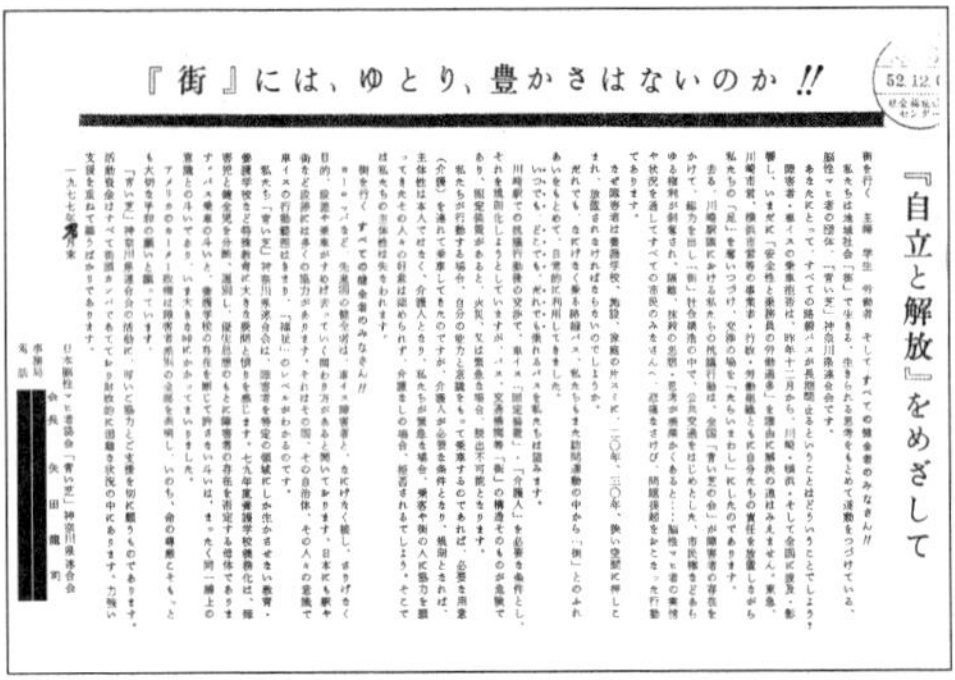

『街』には、ゆとり、豊かさはないのか!!

『自立と解放』をめざして

街を行く 主婦 学生 労働者 そしてすべての健全者のみなさん!!

私たちは地域社会「街」で生きる、生きられる思考をもとめて運動をつづけている、脳性マヒ者の団体、「青い芝」神奈川県連合会です。

あなたにとって、すべての路線バスが長時間止るということはどういうことでしょう?

障害者・車イスの乗車拒否は、昨年十二月から、川崎・横浜・そして全国に波及・影響し、いまだに「安全性と乗務員の労働過多」を理由に解決の道はみえません。東急、川崎市営、横浜市営等の事業者・行政・労働組織ともに自分たちの責任を放置しながら私たちの「足」を奪いつづけ、交渉の場を「たらいまわし」にしたのであります。

去る、川崎駅頭における私たちの抗議行動は、全国「青い芝の会」が障害者の存在をかけて、総力を出し「街」、社会構造の中で、公共交通をはじめとした、市民権をどあらゆる権利が剥奪され、誤解、抹殺の差別・思考が乗降かくあると…脳性マヒ者の実情や状況を通してすべての市民のみなさんへ、必死をさけび、問題提起をおこなった行動であります。

なぜ障害者は養護学校、施設、家庭の片スミに、二〇年、三〇年、狭い空間に押しこまれ、放置されなければならないのでしょうか。

だれでも、なにげなく乗る路線バス、私たちもまた訪問運動の中から「街」とのふれあいをもとめて、日常的に利用してきました。

いつでも、どこでも、だれでも乗れるバスを私たちは望みます。

川崎駅での抗議行動後の交渉で、車イス「固定装置」・「介護人」を必要な条件とし、それを規則化しようとしていますが、バス、交通機関等「街」の構造そのものが危険であり、固定装置があると、火災、又は緊急な場合、脱出不可能となります。

私たちが行動する場合、自分の能力と意識をもって乗車するのであれば、必要を用意(介護)を連れて乗車してきたのですが、介護人が必要な条件となり、規則とされれば、主体性は本人ではなく、介護人となり、私たちが緊急な場合、乗客や街の人に協力を願ってきたその人々の行為は認められず、介護なしの場合、拒否されるでしょう。そこでは私たちの主体性は失なわれます。

街を行くすべての健全者のみなさん!!

ヨーロッパなど、先進国の健全者は、車イス障害者と、なにげなく接し、さりげなく目的、段差や乗車がすめば去っていく関わり方があると聞いております。日本にも駅や街など段差には多くの協力があります。それはその国、その自治体、その人々の意識で車イスの行動範囲はきまり、「福祉」のレベルがわかるのです。

私たち「青い芝」神奈川県連合会は、障害者を特定の領域にしか生かさせない教育・養護学校など特殊教育に大きな疑問と憤りを感じます。七九年度養護学校義務化は、障害児と健全児を分断、選別し、優生思想のもとに障害者の存在を否定する母体であります。バス乗車の斗いと、養護学校の存在を断じて許さない斗いは、まったく同一線上の意識との斗いであり、いま大きな岐路にかかってまいりました。

アメリカのカーター政権は障害者差別の全廃を声明し、いのち、命の尊厳とそも、とも大切な宇宙の願いと願っています。

「青い芝」神奈川県連合会の活動に、深いご協力とご支援を切に願うものであります。活動資金はすべて街頭カンパであてており財政的に困難な状況の中にあります。力強い支援を重ねて願うばかりであります。

一九七七年 月

日本脳性マヒ者協会「青い芝」神奈川県連合会
会長 矢田龍司
事務局 [redacted]
電話 [redacted]

青い芝の会が「川崎バス闘争」で作成したビラ
神奈川県社会福祉協議会資料室旧蔵

青い芝の会からしてみれば、交通局・バス会社が示した方針は、「法律・規則があるから車椅子を乗せることができない」というよりも、むしろ「車椅子を乗せたくないために、該当する法律・規則を持ち出してきた」ように見えたのでしょう。ここから、青い芝の会のバス乗車をめぐる闘いが本格化することになります。

青い芝の会とバス会社の交渉

一九七七〜七八年にかけて、横浜・川崎両市を中心に、青い芝の会とバス会社との間で、車椅子によるバス乗車をめぐるトラブルが頻発しました。場合によっては、乗車拒否をされて怒った障害者や支援者らがバス内に「籠城」し、長時間にわたってバスの運行を止めてしまうような事態も発生していました。

先ほど紹介した川崎駅前での大規模な抗議行動も、決して話題作りや炎上狙いなどのようなものではなく、こうした長期的な運動の一環として捉えなければなりません。

なお、種々の媒体で「川崎バス闘争」が紹介される際、川崎駅前での抗議行動単体を指している場合が多いようですが、本来であれば、一九七七〜七八年頃に頻発した一連の抗議行動全体を指すものと理解した方がよいでしょう。

(当時の闘争の様子は、前掲の新聞各紙がしばしば採り上げている他、テレビの報道特番を数多く手がけた吉永春子によって『街に出よう——福祉への反逆・青い芝の会』[一九七七年]というドキュメンタリーも制作されています。)

重要なのは、青い芝の会が、ただ闇雲に乗車拒否への抗議を行なっていたわけではないという点です。川崎市交通局・バス会社・運輸省などと粘り強く交渉も重ねているのです。大手新聞に報道されたものから抽出して、その交渉内容を振り返ってみましょう。

一九七七年一月七日、青い芝の会は、川崎市交通局との交渉に臨みました。『朝日新聞』の記事(一九七七年一月八日)によれば、青い芝の会の主張は次の四点です。

①車イスの障害者が希望した場合、市営バスに車イスを折りたたまずに乗せる②車イスのまま乗車できるよう、民営バス会社を指導する③車イスの乗車制限を明文化した運輸規則の改正を、運輸省に働きかける④運輸省など上部機関が認めるまで、市独自で車イス乗車を実施する

（「『車イス乗車ぜひ認めて』」）

また青い芝の会は、重ねて〈「ラッシュ時などいかなる場合でも乗せるべきだ。乗客が一人もいない時は運転手が通行人に協力を求め、乗降車させるべきだ。客がいれば客に手伝わせるべきだ」と主張した〉とあります。

彼らの主張を要約すれば、車椅子利用者も他の乗客と同じように無条件でバスに乗ることができるべきで、そのためにバスの構造や規則を改善してほしい、ということになります。実際、青い芝の会が「川崎バス闘争」で配布したビラにも次の点が強調されています。

だれでも、なにげなく乗る路線バス、私たちもまた訪問運動の中から「街」とのふれあいをもとめて、日常的に利用してきました。

いつでも、どこでも、だれでも乗れるバスを私たちは望みます。

（前掲「『街』には、ゆとり、豊かさはないのか‼」傍点は原文）

一九七七年一〇月二一日には、運輸省東京陸運局と交渉しています。この交渉では、「介護人」の取り扱いが大きな議題となったようです。

この日の交渉について、『朝日新聞』の記事（一〇月二二日）には〈「介護人がいれば車イスに座ったまま障害者が乗車する」ことで、ほぼ合意に達した〉とあります（「介護人がいれば車イスのままのバス乗車認める」）。

しかし『読売新聞』の記事（一〇月二五日）では、〈一般乗客と異なった形での条件をつけること自体、差別思想だ〉という青い芝の会と、車椅子でのバス乗車に条件（制限）を設けようとする陸運局との間で〈基本的な主張を互いに理解するにいたらず、議論は平行線のままだ〉ったと報じられています（「対立続く車イスのバス乗車」）。

その後、一九七八年三月二七日、運輸省が車椅子のバス乗車に関して、はじめて統一的な取り扱い基準を発表しました。『読売新聞』（一九七八年三月二八日）によれば、その内容は次のようなものです。

(1)広ドア（有効幅約八十センチ以上）式バスで、無理なく乗降できる場合は、車いすを折りたたまないで乗車できるようにする(2)乗降を手助けする介護人を同伴させる(3)車いすを広げたまま使う場合は、車内の固定場所で車いすのブレーキをかけたうえ備え付けのバンドなどで固定し、運転者への合図などは介護人が行う(4)乗降口が狭いバスは、車いすを折りたたんだうえ、車内では原則として座席を使用する

（『介護人、同伴させる』）

青い芝の会が川崎市交通局との間ではじめて交渉を行なってから、約一年二ヶ月を経て、ようやく運輸省から基本的な取り扱い基準が示されたことになります。その後、神奈川県内バス一二社は、同年七月一日から、この運輸省の取り扱い基準を実施することになりました。

こうした条件がつけられたとはいえ、運輸省が車椅子でのバス利用を認めたことは、一見、意義のあることのように思えます。しかし、青い芝の会が長らく訴えてきた主張を鑑みれば、運輸省が示した取り扱い基準は、おそらく完敗に近いものだったと言えるでしょう。

では、青い芝の会が、そこまで「車椅子のままバスに乗る」ことにこだわった理由は何だったのでしょうか。また、彼らが一連の「バス闘争」を通じて訴えたかったことは何だったのでしょうか。

†「介護者」とは誰のことか

物事をやや単純化しすぎるきらいがあるのですが、一連の騒動の中で、青い芝の会が特に強く訴えた事柄を二点に絞って考察しましょう。

まず一点目は、バス乗車時における車椅子の取り扱いについてです。

運輸省・交通局・バス会社の主張はこうです。走行時の安全確保のため、車椅子利用者がバスに乗る際は、車椅子を降りて折りたたみ、バスの座席に座ってほしい。もしかしたら、このような主張を「当たり前」と感じる人もいるかもしれません。しかし青い芝の会は、こうした条件に強く反発しました。

日々、車椅子を利用する障害者にとって、乗り慣れた車椅子は身体の一部といっても過言ではありません（青い芝の会は、車椅子を義手や義足と同じものだと訴えています）。特に脳性マヒ者には、一定の座位をとり続けることが難しい人もいます。そうした人にとって、自分の身体に合わせて工夫された車椅子から、慣れないバスの座席に移ることは、想像以上に負担のかかることです。

この「車椅子の取り扱い」という点については、運輸省も一定の理解を示したように見えます。しかし、前掲の取り扱い基準には、〈(1)広ドア（有効幅約八十センチ以上）式バスで、無理なく乗降できる場合〉〈(4)乗降口が狭いバスは、車いすを折りたたんだうえ、車内では原則として座席を使用する〉という条件が付いています。

これは、無条件でのバス乗車を求めてきた青い芝の会からすれば、自分たちの主張がほとんど通らなかったことを意味していたでしょう。

運輸省の取り扱い規則は、一定の条件をつけた上で相手の権利を認めているように見えます。しかし、現実的にそうした条件が満たされる機会が少なければ、それは相手の権利を抑制していることになります。つまり相手の権利を認めつつも、その権利を行使し得る条件を厳しく設定するといった対応なのです。

また二点目は、バス乗車時の介護人の取り扱いについてです。

運輸省が示した取り扱い規則には〈(2)乗降を手助けする介護人を同伴させる〉〈(3)（略）運転者への合図などは介護人が行う〉という項目がありましたが、この条件は、青い芝の会からすれば、それまでの交渉で訴えてきたことが、ほとんど無視されたといっても過言ではないものだったはずです。

身体の不自由な障害者がバスに乗るのであれば、介護人が付いていた方がよいのではないか。その方が、本人にとっても便利であり、また安心だろう。そう考える人も多いかもしれません。

確かに、重度障害者が介護人を伴わずにバスに乗ることは、現実的にはほとんどありません（このことは青い芝の会も認めています）。しかし、青い芝の会は、交通局やバス会社から、特定の介護人の同伴を求められることには強く反発しました。

では、青い芝の会は、介護人の同伴という要件の、どのあたりに抵抗感を覚えたのでしょうか。

運輸省の取り扱い規則が示される以前の一九七七年八月六日、川崎市交通局と青い芝の会との間で交渉が行なわれ、一部、合意事項が成立しました。川崎市交通局長から神奈川県陸運事務所長宛に出された「車イス乗車に係る問題点の打開対策について」という文章には、交渉結果が次のように記されています。

1．両者の合意事項（略）③介護人は、複数を必要とするが特定しないこととする。

この点について〈2．両者の合意に達していない事項〉には、補足が記されています。

介護人とは、車イスによる乗客を乗降の際に担架できうる者であること及び運行中の安全を確保できうる者であること。

また、特定しないということは、乗客又は通行人をもってしても可であることとするほか、乗車区間中の引継ぎ若しくは交代が行なわれることも許容するものと解釈している。

ここに見られるとおり、青い芝の会は、介護者を〈特定〉することに対して反対しています。介護人を〈特定〉することになれば、障害者はバスに乗る前から、自分を介護してくれる人物を探し出し、その人物を同伴する必要性が生じます（当時は現在のようにヘルパーを派遣するような制度はありませんでしたから、外出したい障害者は同伴者を自力で探さねばなりませんでした）。

したがって、もしもバス乗車時に〈特定〉の介護人が必要となれば、バスに乗るという行為の前段階で介護人集めという努力が必要になり、結果的に、障害者が街に出て行く障壁が高くなってしまいます。

青い芝の会は、障害者が街中で生きていくために、介護ボランティアを集める努力を極めて意識的に行なってきた団体です。しかし、本人たちが自発的に介護人を集める努力を行なうことと、交通局やバス会社といった公共性の高い事業を行なう者から、バス乗車の条件として介護人の同伴を求められることは、次元が異なる話です。

これは、障害者以外の乗客が求められていない努力を、障害者だけが求められることを意味します。ある人たちには求められていない努力が、他の特定の人たちには求められるとなれば、それは明確な差別です。

また、青い芝の会が、介護人を〈特定しない〉ことを求めている点にも注意が必要です。介護人を〈特定しない〉ということは、その時、その場に居合わせた人が、その時、その場で、その人の介護を行なえばよいということです。

つまり、車椅子でのバス乗車に関して言えば、バスの乗客やバス停に居合わせた人が、その時、その場で、手伝ってくれたらよい。そうした点を求めているのです。

青い芝の会からすれば、バスに乗る必要があるのは障害者その人であり、バスを利用する乗客も障害者本人であるはずです。したがって、運輸省の規則にあった〈運転者への合図などは介護人が行う〉という項目も、受け入れがたい一項だったはずです。これでは、介護者が障害者の意思を代行する、ということになってしまうからです。

この運輸省の取り扱い規則について、横田弘は次のように述べています。

一体、私たちは何をしてきたのだろう。
何を闘ってきたのだろう。
一年以上の時間と、時には文字通り命がけのエネルギーを使って。
何を闘いとったというのだろう。
私たちの歴史を凝縮したような、虚しい闘いだった、としか言いようがないのである。
(『障害者殺しの思想』一五八頁)

†バスに乗るのは「恩恵」なのか

実は、青い芝の会がぶつかったのは、運輸省・交通局・バス会社に限りませんでした。

労働者であるバス運転手たち（労働組合）に対しても、真っ正面からぶつかったのです。

運輸省（国）や交通局（地方自治体）は、大きな権力を持っており、バス会社は人々の生活に影響を及ぼす資本を持っています。一方、労働組合は、こうした権力・資本から労働者を守るための組織であり、いわば庶民の味方です。その意味では、どちらかといえば障害者の立場に近い存在であるようにも思えます。

しかし、青い芝の会は、この「バス闘争」に限らず、しばしば労働者や労働組合を厳しく批判してきました。というのも、障害者が生活改善を要求した際、しばしば、労働者・労働組合がそこに立ちはだかってきたからです。

例えば、障害者入居施設では、こうした構図が象徴的に現れました。障害者から「食事・排泄の時間をもっと自由にしてほしい」「外出の規則を緩やかにしてほしい」といった要望が上がった際（第一章で紹介したコロニーのような大規模施設では、食事や排泄の時間が定められていたことも珍しくありません）、そうした要望に応えることは労働条件の悪化につながるとして、施設職員（つまり労働者）が反対することが少なくなかったのです。

そして一連の「バス闘争」でも、こうした構図が見られました。

一九七七年六月八日、全日本交通運輸労働組合協議会・中央バス共闘会議が、車椅子のバス乗車について、労働者の立場から統一見解を示しています（「車椅子乗車問題に関する見解」）。

その内容は、障害者の権利と、現実のバスの設備状況との間で板挟みとなり、かなり苦しい言い回しが目立つものになっています。

要約すれば、障害者がバスを利用することは〈当然の権利として理解する〉としつつ、一方で〈バス労働者は、安全輸送の確保が第一の使命〉であり、現状のバスが車椅子に対応できるものばかりでない以上、〈国の社会保障施策として〉車両の構造改良を求めていくが、〈暫定措置〉として、車椅子を折りたたむにせよ、そのまま固定するにせよ、いずれの場合も〈必要な介護人をつけること〉を求める、というものです。

こうした労組の見解に対し、青い芝の会は強く抗議しました。一見、障害者の権利を擁護しているかのように見えながら、その実、示された見解の内容は運輸省が示したものとほとんど変わらなかったからです。

労組の統一見解に対し、横塚晃一が、全国青い芝の会総連合会会長名で厳しい抗議文（「全日本運輸労働組合協議会への抗議文」）を出しています。この抗議文は、青い芝の会が一連の「バス闘争」で訴えてきたものが何であったのかを明瞭に示しています。少し長いですが引用しましょう。

（労組の）見解の中では、第五項目をはじめ、そのいたるところで社会保障政策としての厚生省をはじめとする行政の責任が問題とされておりますが、このような状況を作り出してきたのは、単に行政だけの責任であるとは我々は言わせません。なぜならこの問題の発端となったのは「車イス障害者をバスに乗せることは労働強化になる」という現場労働者の声であったからであります。我々は今までそして現在もずっと、あらゆるところで労働強化になるということで、労働者から、我々の意志を無視され、物として扱われ、抑えつけられてきました。（略）

しかし、六月八日の見解の中では我々が話し合いの中で主張してきたこと、その基本的なことがまったくくみこまれておりません。（略）我々は貴会中央バス共闘会議との話し合いの中で、次の様に何度も言ったはずであります。「この問題は、車イスの障害者を乗せるか乗せないか、どうやったら乗せられるかが問題ではない。車イスの障害者が当然乗るものという発想の転換こそが必要なのだ」と。

しかるに、見解の中で、その底流に流れているのは、障害者を乗せてあげるためにはどうしたらよいのかといった発想、全く恩恵を施す慈善的態度であります。我々はそのような恩恵でバスに乗せてくれとお願いしているのではありません。我々車イスの障害者がバスに乗るのは当然のことだと考えるならば、介護人をつけることといった種々の条件は出てこないでしょう。

（『母よ！殺すな』二九九～三〇〇頁）

青い芝の会が起こした一連の「バス闘争」とは何であったのか。横塚晃一によれば、それは〈発想の転換〉を求めるための闘いでした。

運輸省・交通局・バス会社・バス労組は、無条件でバスに乗りたいという青い芝の会の主張を、〈恩恵を施す慈善的態度〉でしか捉えることができていませんでした。横塚晃一は、そのことを鋭く見抜いていたようです。

〈恩恵を施す慈善的態度〉とは、つまり「乗務員や乗客の迷惑にならない範囲内でのみ、障害者もバスに乗ってよい」とする考え方のことです。こうした態度は、必ず相手に対して制約を求めてきます。

また、そうした制約は、必ずエスカレートしていきます。障害者もバスに「乗ってもよい」↓「乗せてあげてもよい」↓「遠慮がちに乗るべきだ」↓「乗ることを遠慮すべきだ」↓「なるべく街に出てくるな」といった具合にです。

事実、青い芝の会の会員の多くは「他人さまに迷惑をかけるから」という理由で、家や施設に押し込まれ、街へと出ることを禁じられてきた人たちでした。

青い芝の会は、ただ「バスに乗る」というだけのことに、他の人々が求められない条件や制約を課されることに反対しました。こうした条件や制約が、障害者の生きる幅を削り取っていくことを肌感覚で知っていたのだと思われます。

ここでもう一度、労組が示した見解に戻りましょう。

労組の見解には、車両の構造改良が必要である旨の言及がありました。もしかしたら、この本を読んでいる人の中にも、「バス闘争」のような問題を解決するためには、何よりも車両の構造改良（ノンステップ構造やリフトの装備など）が必要であり、新しい技術や設備が開発・装備されれば問題は自然に解決するはずだ、と考える人がいるかもしれません。

しかし、青い芝の会は、そうした考え方をとりませんでした。もちろん、車両の構造改良自体は求めてはいますが、それだけで問題が解決するとは考えていませんでした。

というのも、もしもこの社会の多くの人々が、「障害者は〈恩恵〉としてのみバスに乗ることを許される」と考えているとしたら、新しい技術や設備自体、そうした価値観に基づいて開発されることになるはずです。そうした技術や設備は、本当に、障害者の味方になるのでしょうか。

先に青い芝の会が、介護人を〈特定〉しないことを求めたことを思い出してください。バス労組に対しても、横塚晃一は次のように言っています。

まず、介護人というのは特定な人がやるものであるという発想自体まちがいであり、この社会を構成する健全者すべてが介護人であると我々は考えているし、そうした考えにたてば、街ゆく人も、バスの乗客も、障害者本人が介護を依頼し、それに手をかした人はすべて介護人であるはずです。

（『母よ！殺すな』三〇一頁）

傍線部が青い芝の会の価値観を極めてよく表わしています。バスの車両改良も必要ですが、そうした技術・設備が、もしも「健全者が障害者に対して手をかさずに済むため」に開発されたとしたら、それは障害者にとって決して喜ばしいものではありません。

青い芝の会が掲げた「行動綱領」の中に〈われらは健全者文明を否定する〉（第五項）という項目があったことを思い出してください（第二章参照）。彼らが〈否定〉した〈健全者文明〉とは、そうした文明のことなのです。

以上、青い芝の会の「川崎バス闘争」について考えてきました。

社会福祉学者の廣野俊輔さんは、「川崎バス闘争」を詳細に検討した論文の中で、次のように指摘しています。〈介護システムがある程度確立された現在においても、地域で障害者が困っている場合に「誰か介護者がいるだろう」と市民が無関心であれば、障害者にとって住みよい地域社会は形成されないだろう〉（「川崎バス闘争の再検討」）。

社会で起きた問題に対し、安易なバッシングへと傾く者は、往々にしてその問題に対して無関心です。当時、青い芝の会の「バス闘争」を批判した市民たちは、どれだけ「障害者の社会参加」について関心があったのでしょうか。

ここで本章の冒頭で紹介した、バニラ・エア航空での問題について、もう一度考えてみましょう。

あの騒動で木島さんに投げかけられた「ルールを守れ」という批判は、結局のところ、横塚晃一が指摘する〈恩恵を施す慈善的態度〉そのものだったのでしょう。「自分は障害者に対して〈恩恵を施す〉側にいるのだ」と無意識かつ漠然と考えていた人たちが、対等に権利を主張する障害者に対して苛立ちを覚えたのでしょう。

しかし、私たちは、そうした〈慈善的態度〉を認めるべきではありません。先にも示したとおり、誰かに制約を求める価値観は必ずエスカレートするからです。

事実、バニラ・エア問題の際は、航空会社側に障害者差別解消法違反の疑いがあるにもかかわらず、「ルール」や「マナー」といった漠然とした価値観によって、一人の車椅子利用者の生きる幅が削り取られそうになりました。

「川崎バス闘争」が行なわれていた時代から比べれば、バスの車両は格段に改良されました。バスに限らず、電車などの公共交通機関の中で車椅子の人を見かけることも、決して珍しくなくなりました。そうした意味では、社会は前進しているようにも思えます。

しかし、こうした問題が繰り返し起きているという点を鑑みれば、私たちは、まだまだ横塚晃一が主張したような〈発想の転換〉までには至っていないようです。

第七章

障害者は生まれるべきではないのか

二〇一八年から一九年にかけて、世間から忘れられかけていた一つの法律がメディアを賑わせました。優生保護法です。

この法律は一九四八年に制定され、一九九六年まで存在し、現在は母体保護法という法律に改定されています。この優生保護法とは、どのような問題をはらんでいたのでしょうか。まずはその点を確認しましょう。

†優生保護法とは何か

長年、同法の問題を指摘し続けてきた団体「SOSHIREN　女(わたし)のからだから」のホームページには、次のような説明があります。

優生保護法は、2つの目的をもった法律でした。一つは「優生上の見地から不良な子孫の出生を防止する」――病気や障害をもつ子どもが生まれてこないようにする、という意味。もう一つは「母性の生命健康を保護する」――女性の、妊娠・出産する機能を保護するという意味です。この2つの目的のために、不妊手術と人工妊娠中絶を行う条件と、避妊具の販売・指導についてを定めたのが、優生保護法なのです。

優生保護法が制定された一九四八年は、第二次世界大戦敗戦後の人口増加が社会問題となっていました（一九四七～四九年の出生数の急増は「ベビーブーム」と呼ばれています）。こうした事態に対応するため、人口抑制策として人工妊娠中絶の合法化がはかられたのです。実は、日本には現在に至るまで、刑法に堕胎罪が存在し、人工妊娠中絶は刑事罰の対象となっています。しかし、ある一定の条件を満たした場合には堕胎罪の適用を免れるという措置によって、実質的に中絶を行なえるようになっています。その条件を定めたのが優生保護法でした。

敗戦直後の日本は大変な混乱期にありましたから、子どもが生まれると生活が立ちゆかなくなってしまう人や、性暴力などにより望まない妊娠を強いられた女性が少なくありませんでした。戦前の法制度では中絶は禁じられていたので（「産めよ増やせよ」という人口増加策が採られていました）、女性たちの中には危険な「ヤミ中絶」に頼り、心や身体に深刻な傷を負ったり、命を落としたりする人もいました。

こうした社会状況に対応するために作られたのが優生保護法です。当時の国会としては珍しく、この法律は議員立法によって作られました。同法成立に尽力した議員には、産婦人科医も含まれています。

「人口の増加を抑制する」という目的を持った優生保護法は、実はもう一つ、「人口の質を高める」という目的も持っていました。同法第一条には、その目的が次のように記されています。

この法律は、優生上の見地から不良な子孫の出生を防止するとともに、母性の生命健康を保護することを目的とする。

傍線部にある〈優生〉とは、言うまでもなく「優生学」に由来する概念です。「優生学」というイデオロギーによって、これまで世界各地で障害者への人権侵害がなされてきたことは周知の通りです。

代表的な事例でいえば、ナチスドイツの「T4計画」などが上げられるでしょう。障害者の存在によって多大な負担を強いられる家族や社会を救うため、また、劣悪な遺伝が子孫へと受け継がれることを防止するため、という目的で、多くの障害者たちがガス室へと送られました。

ナチスドイツによる障害者虐殺の犠牲者数は、一説には二七万五〇〇〇人にのぼるとされています（『ナチスドイツと障害者「安楽死」計画』）。また、こうした障害者虐殺がユダヤ人虐殺へとつながっていった点も指摘されています（『それはホロコーストの〝リハーサル〟だった』）。

優生保護法は、戦前に作られた国民優生法（一九四〇年）を下敷きにしていますが、この国民優生法はナチスドイツの遺伝病子孫予防法（一九三三年）を参考に作られたものでした。日本にも、凄惨な悲劇を生んだイデオロギーと結びついた法律が一九九六年まで存在していたという点を、私たちは忘れるべきではありません。

†優生保護法を問い直す

優生保護法という法律によって、特に知的障害者と精神障害者を中心に、多くの障害者たちが不妊手術や中絶手術を受けさせられてきました（以下、こうした手術を不妊手術等と表記します）。

この問題の解明に取り組んだ毎日新聞取材班による『強制不妊』によれば、優生手術の被害者数は一万六〇〇〇人（本人の同意を経た手術を含めれば二万五〇〇〇人）ともいわれ、中には九歳の少女も含まれていました。

これらの手術の中には、優生保護法の規定から逸脱した事例も少なくありません。例えば「素行不良」とされた人物が「精神疾患」という理由で不妊手術を受けさせられたり、法律の規定に含まれない「ろう者」が対象となったり、身体障害のある女性が「月経介助の手間を軽減するため」という理由で子宮摘出手術を受けさせられたり、様々な拡大解釈や恣意的運用がなされてきたことがわかりました。

また、同法には「未成年者」「精神病者」「精神薄弱者」に対して、本人の同意を得ることなく手術できるという規定もあり、監督官庁である厚生省からは「欺罔」をもちいてもよい（つまり本人をだまして手術を受けさせてよい）という通知が出されていました。人権尊重の観点から、極めて問題のある運用がなされてきたのです。

この法律のもとで、どのような悲劇が生みだされてきたのか。自分の身体に、あるいは自分の大切な人の身体に、何がなされたのか。そのことを明らかにしたいという意志を抱いた人たちによって、優生保護法下で行なわれた不妊手術等の実態を明らかにすべく、国家賠償請求訴訟が起こされました。それが二〇一八年から一九年にかけての出来事だったのです。

（優生保護法の問題と、国家賠償請求訴訟が提訴されるまでの経緯については、前掲『強制不妊』のほか、優生手術に対する謝罪を求める会編『優生保護法が犯した罪』を参照。）

実は、障害者への不妊手術等の問題は、これまでにもたびたび話題になってきたのですが、大きな世論を喚起するまでには至りませんでした。理由の一つには、この問題が「障害者」という「特定の少数者」に起きた「特殊な問題」として受け止められてきたことがあげられるでしょう。

また、「障害者が子どもを作っても育てられない」「生まれた子どもが不幸になる」といった価値観は、いまなお根強く存在しています。

実際には、様々なサポートを得ながら子どもを産み育てている障害者もたくさんいるのですが（そもそも第三者からのサポートを得ずに子どもを産み育てることは、障害の有無にかかわらず誰にとっても困難です）、そうした人たちへの風当たりも、まだまだ強いものがあります。

「障害者は子どもを産まない（産むべきでない）」という社会の常識が、優生保護法に対する世間の無関心を醸成してきたのかもしれません。

しかしながら、特に二〇一〇年代以降、この社会では「産む」という営みに対する関心が極めて高くなってきました。

その背景には、少子化の問題、待機児童等の保育行政の問題、女性の社会参加の問題、公職者や管理職における女性比率の問題、育児と仕事に関わるワーク・ライフ・バランスの問題、職場や社会でのマタニティー・ハラスメントの問題、不妊治療や生殖医療への関心の高まり、多様なカップルのあり方（「事実婚」「同性婚」等）への関心の高まり等の社会的要因が影響しているでしょう。

結果的に、優生保護法に基づく不妊手術等も、障害者に特有の問題として捉えられたわけではなく、「生まれてよい生命」と「生まれるべきでない生命」、「産んでよい人」と「産むべきでない人」を、法律という国のルールによって規定したり、切り分けたりすることへの違和感として受けとめられ、大きな関心事となったのではないでしょうか。

あるいは、この社会がもはや「誰にとっても産み育てにくい」ものになってしまったがゆえに、「産ませない」という圧力に対する感度のようなものが高まったのかもしれません。

†手術の痛みを言葉にする

優生保護法による不妊手術等の問題は、歴史の厚い壁に閉ざされ、被害者たちは沈黙を強いられてきました。理由としては、被害者にとってあまりにも辛い経験であったために、配偶者などの近しい人物にも打ち明けられずにいたり、一刻も早く忘れてしまいたいという気持から記憶に蓋をしてしまったり、といったことが考えられます。

また、手術自体が本人に説明されずに行なわれていたり、知的障害者の場合には手術の意味を理解することが難しかったりといった問題もあり、被害者が証言すること自体、困難な状況が長らく続いていました。

そうした困難を押し切って貴重な証言がなされても、それを裏付ける資料が残されていない（業務を担った地方自治体によって破棄されていたり、まともな管理がされず発見が遅れたり）といった問題もあり、不妊手術等の実態解明は困難を極めています（前掲『強制不妊』）。

ただし、実際に手術を強いられた障害者たちが完全に沈黙していたわけではない、という点は強調しておきたいと思います。例えば、障害者による文学作品には、こうした手術がテーマとなったものが散見されます。

次の短歌は、月経介助の手間を軽減するために、子宮摘出手術を受けた（受けさせられた）脳性マヒ者が詠んだものです。

メンスなくする手術受けよとわれに勧むる看護婦の口調やや軽々し
女などに生まれし故と哀しみつつ子宮摘出の手術うけ居り
わが子宮の常の人より小さしと医師は指もて形をしめす
男の子の如髪刈り上げてメンスなき日日を過せり命空しく

（長田文子『癒ゆるなき身の』）

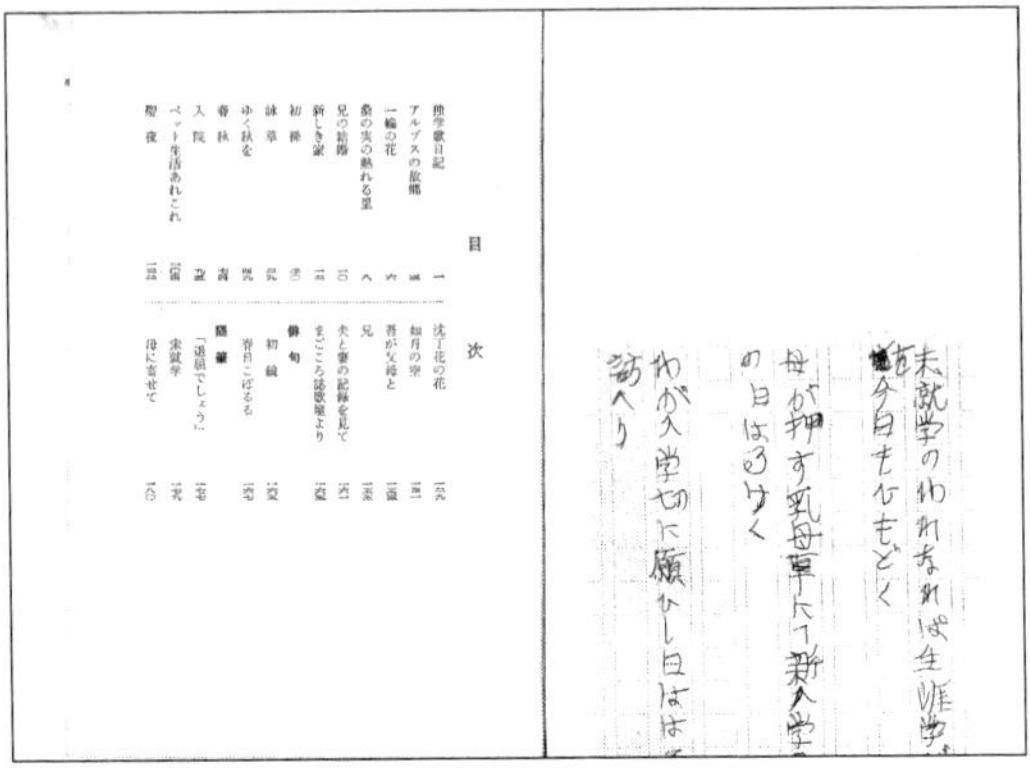

目次

長田文子『癒ゆるなき身の』目次

障害者たちの文学作品には、こうした心情がしばしば描かれています。特に優生保護法によって不妊手術等の対象と規定されていたハンセン病者たちの作品には、手術の痛みや哀しみをテーマにした作品がかなりの厚みで存在しています。

みじめな裸体の重なる風景
荒あらしい医師のメスが
嘆き叫ぶザーメン・ストラングを切除した

その悲しい叫喚が
ふと
反抗の本体のようにも思われたのに……
疲れた裸木のように　夢は虚しく燃焼する

（北原紀夫「廃者の領域　2　モルモットの眼」部分）

ハンセン病者にとっては、不妊手術を受けることが、療養所内における「結婚の条件」とされていました。愛するパートナーと一緒になるために冷たいメスを受け入れねばならないという葛藤が、こうした作品に結晶化したのです（荒井裕樹『隔離の文学』）。

優生保護法の運用にあたった官僚や医師に対して取材を重ねた前掲『強制不妊』には、当の官僚・医師たちの多くが「当時は適法だった」と証言した旨が記されています。

確かに、かつては優生保護法が存在したわけですから、その意味では不妊手術等も「業務」として行なわれたものだったでしょう。しかし、たとえ「当時は適法だった」としても、そこに存在したであろう本人たちの痛みや哀しみをなかったことにしてよいことにはなりません。

こうした障害者たちの声が、長らく「償われるべき被害」として受け止められてこなかったことの意味を、私たちは考えなければなりません。

†優生保護法改定案の問題点

障害者団体の中で、はじめて優生保護法の問題について声を上げたのは青い芝の会でした。一九七二〜七四年のことです。ただし、ここで議論の焦点になったのは、障害者への不妊手術等の問題ではなく、むしろ障害児の出生予防の是非でした。

以下、当時、繰り広げられた議論を整理してみましょう。

一九六〇年代、主に保守派の政治家や宗教団体から、中絶規制の強化を求める声が上がりました。日本では、一九五〇年代から中絶件数が急増し、実施件数で年間一〇〇万件、対出生比（出生一〇〇に対する中絶数）で七〇％を超える年が出てきたのです。こうした状況から「野放しの中絶」「中絶天国ニッポン」といった批判が高まっていました。

また、当時の医学界では「予防」という概念が重視されるようになり、「異常児」や「奇形児」の「発生予防」が唱えられていました。背景の一つには、高度経済成長の弊害とも言うべき薬害・公害によって生まれた先天性障害児の存在がセンセーショナルに取り上げられていたこともあります。

こうした流れを受けて、一九七〇年から七四年にかけて、国会にはたびたび優生保護法改定案が提出されていたのです。

当時の政府が示した改定案には様々な問題があるのですが、ここでは二点に絞りましょう。

一つは、それまで中絶を可能にする要件として存在していた「経済条項」（経済的理由による人工妊娠中絶を可能とする条項）の削除であり、もう一つは、「胎児条項」（胎児に障害があることが判明した場合に中絶を可能とする条項）の新設です。

一つ目の「経済条項」の削除に対しては、女性運動家たちが反対しました。

実は、人工妊娠中絶の大半がこの条項に基づいて行なわれていました。そのため「経済条項」が削除されれば、女性は事実上「中絶禁止」を言い渡されるに等しく、妊娠したら産むことを強制されることになります。女性運動家たちは、こうした改定が性と生殖の国家管理につながる点を批判し、「産む・産まないは女（わたし）が決める」というスローガンを掲げて反対運動を展開しました。

二つ目の「胎児条項」の導入に対しては、青い芝の会が反対しました。

当時、生殖技術の向上により、子宮内の羊水に含まれる胎児の染色体を検査することで、胎児に遺伝性の障害があるかどうかを調べる技術（羊水検査）が普及しはじめていました。

これに対して青い芝の会は、胎児が障害を理由に中絶されることになれば、障害者は〈本来あってはならない存在〉（という表現を青い芝の会は用います）として規定されてしまうと訴えました。

このような点から、優生保護法改定案に対して、女性運動と青い芝の会が反対運動を展開しました。その際、両者の間で真剣な議論が交わされたことは付記しておきたいと思います。

「産む・産まないは女（わたし）が決める」と主張する女性運動家たちに対し、青い芝の会から、胎児に障害があると判明した場合、障害児を堕す権利も女性が握るのか、といった主旨の批判が寄せられたのです。

その後、女性運動の団体は、「産む・産まないは女（わたし）が決める」という自己決定権を前面に押し出したスローガンから、「産める社会を、産みたい社会を」といった社会変革を目指したスローガンを掲げていきます。それは、女性の主体性も、障害者の生命の重みも、共に引き受けようとした真摯なバランス感覚の表れであったと言えるでしょう（前掲『障害と文学』）。

優生保護法改定案に反対する　！

障害者がいなければ
世の中がどんなに幸せになるでしょう　!!
厚生省精神衛生課長が本音を吐く

過去一年間私たち「青い芝」神奈川県連合会が反対運動を進めて参りました。「優生保護法改定案」は五月十一日に国会に提出されました。

私たちはこれに抗議すべく五月十四日、かねて皆様方にご協力を頂きました署名を持参して国会及び厚生省当局に強く私たちの主張を訴えました。

厚生省当局と私たち「青い芝」神奈川県連合会との話し合いの中で精神衛生課長は今度の改定案提出の目的として「障害者が一人もいなくなればこの世の中がどんなに幸せになるでしょう。」と言い放ったのです。

つまり私たちがかねてから主張して来た通りこの改定案はこれから生まれて来る「障害児」はもとより現在社会の中で生き抜いている私たち重度障害者の存在をも否定しようとする意図の下に作られた事が明白になったのです。

サリドマイド児を胎内からまっ殺して
企業公害インペイを　!!

又、私たち「青い芝」神奈川県連合会と厚生省当局との話し合いの冒頭精神衛生課長が次の様に発言しました。「新しい事態が出てサリドマイド児等が出現し、両親に遺伝的素質なくとも障害児が発生する場合にそれを防ぐ為に今度の改定案をつくったのだ」　皆さん、サリドマイド児は誰がつくったのでしょう？

企業公害、薬品公害による健康の荒廃がさけばれている折り薬品公害の現われとしてのサリドマイド児、企業公害の具現者としての胎児性水俣病患者等を胎内から抹殺する事によって公害そのものをインペイし、大資本に奉仕しようとする国家権力のあり方がここでも明白な形で現われたのです。


私たちは障害者の存在を強く主張します　!!


皆さん「障害者が一人もいなくなればこの世の中がどんなに幸せになるでしょう」厚生省精神衛生課長のこの言葉を私たち重度障害者は絶対に許すことはできません。

現在「本来あってはならない存在」として規定されている私たち重度身体障害者がどの様に日常的に差別、抑圧を受けているか、そして「親の愛」という形でどれだけの仲間たちが殺されているか、毎日の新聞等でよく御存知だろうと思います。そこにこんどの改定案が成立したならば「障害者がいなくなれば世の中がどんなに幸せになるか」と言う思想が法律の上からも明文化されなければならないのです。

私たち、重度障害者も生きているのです。

私たち、重度障害者も生きているのです。

いや生きられるのです。

私たち「青い芝」神奈川県連合会はこの障害者抹殺の論理を明文化しようとする優生保護法改定案には最後まで反対します。反対しなければならないのです。

どうか皆さんのご理解、ご支援と反対運動のための活動資金カンパのご協力を心からお願い致します。

一九七三年六月
日本脳性マヒ者協会「青い芝」神奈川県連合会
[redacted] 横田弘 [redacted]

青い芝の会が作成した優生保護法改定案反対のビラ
神奈川県社会福祉協議会資料室旧蔵

†青い芝の会の反論点

青い芝の会は優生保護法改定案に反対し、街頭演説や集会の開催、厚生省への抗議文の提出、同省との単独交渉、衆参両院議長への要請文の提出などを行ないました。また、一九七四年の春闘に参加し（この年の春闘は「弱者救済」が掲げられ、「国民春闘」と称されるほど盛り上がりました）、「優生保護法改定案を撤回せよ」という要求項目を入れさせました。

結果的に、優生保護法改定案は、七四年の国会で「胎児条項」を削除したかたちで衆院を通過し、参議院で審議未了・廃案になりました。その際、「胎児条項」導入の是非について、当時の齋藤邦吉厚生大臣が〈この規定につきましては、身体障害者の方々からもいろいろ意見が出ておることは、私も十分承知しております〉と、青い芝の会を念頭においた答弁をしています（衆議院、社会労働委員会、五月一六日）。

この答弁の約二ヶ月前、三月二二日に行なわれた青い芝の会と厚生省の単独交渉の席上、同会会長の横塚晃一は厳しく役人に詰め寄っています。その様子を、彼は次のように記しています。

「物事にはやっていいことと悪いことがある。人の命に係わることはそれがたとえ多数の意見であっても行うべきではない。あなた方はこの法案をつくったことにより、してはならないことをしてしまったのだ。その責任を果してほしい。この法案が国会で審議される折には、〈障害者が反対しており、この法案には問題が多い〉という答弁を厚生省側がすることをここで約束せよ」と食い下がりそのまま厚生省内に一泊、二三日の春闘共闘主催の統一行動に参加した。

（『母よ！殺すな』一三四〜一三五頁）

この場における横塚晃一の要求が、どれだけ齋藤大臣の答弁に影響したのかはわかりません。しかし、時の国務大臣が〈身体障害者の方々から〉の批判を念頭に、法案修正に応じても構わない旨の答弁をしたことの重要性は強調しておきたいと思います。

では、青い芝の会は、優生保護法改定案に対して、具体的にどのような反論を展開したのでしょうか。その内容を見てみましょう。

一九七三年、青い芝の会が衆参両院の議長にあてた「請願書」には次のようにあります。

優生保護法改正案中、第十四条の四、即ち「その胎児が重度の精神又は身体の障害の原因となる疾病又は欠陥を有しているおそれが著しい、と認められるもの」に対して人工中絶を認める、と言う条項は、明らかに障害児と健康児を差別する思想から成立つものであり、法の下の平等を記した憲法第十四条の精神にもとることはもとより、私達重度身体障害者の生存権をも否定しようとするものとして、断じて許容する事はできません。

現在、経済成長至上主義、生産能力第一主義の社会にあって、私達重度身体障害者は「本来あってはならない存在」として物心両面にわたる抑圧のなかでの生活を強いられています。その上にこの法案が成立したならば、私達の存在は増々「あってはならない」ものとして抑圧され、やがて社会から精神的、肉体的に抹殺し去られる事は眼前の事実です。私達はそれを許すことはできません。

（『あゆみ』一九号付録、所収）

ここに「生存権」という言葉が記されています。

通常「生存権」といえば、憲法二五条に規定された〈健康で文化的な最低限度の生活を営む権利〉のことを意味します。当時の社会福祉の文脈においては、「朝日訴訟」（生活保護費の支給額をめぐって結核患者であった朝日茂が一九五七年に厚生大臣を相手取って起こした訴訟）を念頭に用いられることが多かった言葉です。

しかし、青い芝の会が使う「生存権」という言葉は少し異なり、多くの場合、直接的に「生きる権利」のこと、あるいは「この世界に存在する権利」のことを意味しています。つまり青い芝の会は、「胎児条項」の導入は重度障害者の「存在」それ自体を否定することになると主張しているわけです。

優生保護法という法律に「胎児条項」が導入されれば、「障害者が生まれることは望ましくない」という価値観が法律で明文化されることになります。法律で明文化されるということは、「障害者の存在は望ましくない」という価値観を、この国や社会が公認することになります。

重度障害者である青い芝の会のメンバーたちは、「胎児条項」の導入を、ほかならぬ自分自身の「存在」を否定するものとして受け止めたのです。例えば、横田弘は次のように述べています。

私たち障害者にとって、いや私にとってこの「優生保護法改定案」は自己の生存に関わる重要な問題なのである。

少なくともこの法案が可決されることによって、年間何千人もの障害児が確実に胎内から抹殺されていくのだ。しかも、それは胎内の障害児の生を危うくするだけではない。障害児を胎内から殺すことは、私たち、現に生存している障害者の存在根拠をものの見事に崩していく結果を生むのである。

この法案が成立した時、それは、すべての健全者が、社会が、権力が、私に向って「死ね」と言うことなのである。

（『障害者殺しの思想』八九頁）

彼らは、「障害児は生まれるべきではない」という考え方を法律化することそのものが障害者差別だと訴えました。これは、当時としては画期的な主張だったと言えるでしょう。一九六〇年代中頃から、各地の地方自治体では、「羊水検査」等を推奨する官民の運動が起きていました。最も有名なのは、兵庫県が推進した「不幸な子どもの生まれない運動」です。

当時は、障害児の出生を予防することが障害者差別にあたるという発想自体が希薄であり、むしろ障害児の出生数を抑制することは先進的な福祉であるとさえ考えられていました。

こうした風潮が存在していた時代に、青い芝の会は「胎児条項」の導入に反対したのです。彼らは、「胎児に障害がある」という理由で中絶が合法化されてしまえば、いま生きている障害者たちも、本来は生まれるべきでなかった存在（生まれることが望ましくなかった存在）として規定されてしまうことの危険性を指摘しました。

「生まれるべきでない人間」の要件が法律で明文化されれば、そうした「要件」を備えている人物に対して、国は必ず不寛容な態度をとるでしょう。また、「生まれるべきでない人間が存在する」ということを国が公認してしまうという点も問題であり、更にいえば「生まれるべきでない人間」とは誰のことで、「生まれるべきでない人間の要素」とは何であるかを判断したり決定したりする権限を国が握ることになります。

経済性・合理性・生産性といった価値観ばかりが重んじられる現代において、「望まし

「不幸な子どもの生まれない運動」の中で作成されたパンフレット（表紙と目次）
リブ新宿センター資料保存会所蔵

い人間」と「望ましくない人間」とが切り分けられたとしたら、重度障害者は真っ先に切り捨てられることになります。こうした点の恐ろしさについて、横田弘は次のように警鐘を鳴らしています。

優生保護法でいう「不良な子孫」の認定権はあくまでも時の国家権力に握られていることを、私たちは繰返し繰返し認識しなければならない。

(『障害者殺しの思想』六七頁)

†「親的な価値観」への反発

もう少し、青い芝の会が作成した資料を見てみましょう。同会が優生保護法改定反対闘争の際に配布したビラ「障害者は殺されるのが当然か!! 優生保護法改正案に反対する」には、次のような一節があります。

一昨年五月、横浜で起きた障害児殺しを追及していった我々が見たものは、障害者(児)の存在を認めようとしない、障害者が産れる事を「悪」とする「親」の姿でした。

現在の困難な状況下にあって障害者（児）を守り、育てていく事の大変さは身をもって判ります。しかし、ただそれだけで我々の存在を「悪」と考え抹殺していく、しかもそれが「障害者にとって幸せ」なんだと断言してはばからない「親」に代表される「健全者」のエゴイズムこそ、実は国家権力、或いは大資本勢力の策動を助挙する以外の何物でもない事を指摘しなければなりません。

（前掲『あゆみ』一九号付録、所収）

また、青い芝の会が一九七三年四月二二日に開催した優生保護法改定阻止のための決起集会では、次のような決意表明が出されました（この集会には優生保護法改定に反対する一九の団体が集まりました）。

この法案は今後大量に発生が予想される水俣病、森永ヒソミルクなどにみられる各種の公害による病人、寄形《ママ》など企業のつくりだす罪悪を事前に隠蔽することを目指していることは明らかである。われらはここにそうした抹殺の論理に基づく、人間の尊厳を無視した優生保護法改正案に断固反対すると共に、障害児が生れる事を恐れ、ともすれば

> 障害者の存在を否定しようとする「親」に代表される「健全者」のエゴイズムこそ国家権力の策動を助挙する以外の何者でもない事を指摘、告発し、生産活動にたずさわれない障害者を、悪すなわち、「不幸」と決めつける現代の価値観を向い《(ママ)》直すことが我々の社会参加であると信じ、この改悪案が国会で成立すると否とにかかわらずあぐ《(ママ)》ことのない闘いを続けることを、ここに宣言する。
>
> （「殺される、立場から　集会宣言」前掲『あゆみ』一九号付録、所収）

どちらの文章にも〈「親」に代表される「健全者」のエゴイズム〉という文言が出てきます。

もともと、青い芝の会が社会に衝撃を与えたのは、それまで神聖視されていた「障害者の親」を差別者として告発したことによってでした。彼らにとって、優生保護法改定反対運動は、「親から生存を否定される恐怖」という点で、第五章で見た障害児殺害事件への減刑反対運動と地続きの問題だったのです。

こうした彼らの主張を、もう一歩踏み込んで表現すれば、「親的な価値観への反発」と言うことも可能かもしれません。

「親的な価値観」とは、障害者本人の苦労よりも親の苦労を重んじる世間の常識であり、障害者本人の声よりも親の声の方が大きく響いてしまう社会のあり方のことです（少し単純化し過ぎるきらいはありますが、七〇年代の青い芝の会の闘いは、その大部分が「親的な価値観」との闘争だったと言えるでしょう）。

実際、「胎児条項」の必要性に関しても、障害児を産んだ親の苦労が強調されていました。先の齋藤厚生大臣の答弁を引き出した質問者は、次のように発言しています。

私どももこの改正の趣旨はよくわかるわけでございまして、そういう生まれつき非常に心身障害がひどい人、本人のみならず家族じゅうが長年にわたってそのために非常な苦労をしなければいかぬし、そのことが原因になって一家心中とか、過去においてもいろいろな悲劇が起きておる。そういうのを救済しようという、言うなれば親心からきたところの救済規定だと私は思うのです。

（自民党・山下徳夫、衆議院・社会労働委員会、五月一六日）

実は、青い芝の会の会員たちが書いた文章には、自分が実の親にも望まれていない存在なのではないかと自問自答し、深く思い悩む表現が散見されます。こうした悲哀と怒りの渦巻く葛藤が、障害児殺害事件への減刑反対運動の原動力になりました（荒井裕樹『差別されてる自覚はあるか』）。

青い芝の会の目には、国家という存在が「象徴的な親」のように映っていたのでしょう。同会にしてみれば、〈優生上の見地から不良な子孫の出生を防止〉する優生保護法は、あるいは胎児の障害を理由に中絶を可能にする「胎児条項」の規定は、国家という「象徴的な親」によって、自分たちの存在が「望まれないもの」「抹殺されるべきもの」として規定されることを意味したのです。

そうした意味で、障害児殺害事件への減刑反対も、優生保護法改定反対も、青い芝の会にとっては相似形の問題だったのです。

†障害者の「性」と向き合う

それにしても、〈「親」に代表される「健全者」のエゴイズム〉とは激しい物言いです。青い芝の会のなかで、なぜ優生保護法の問題が「親」批判へと結びついていったのでしょうか。この点について、もう少し掘り下げて考えてみましょう。

青い芝の会のなかでも、優生保護法の問題に対して敏感に反応し、強い危機感を抱いたのは、マハラバ村（第二章）を経験した人物たちでした。どうして彼らは、優生保護法に対して反応したのでしょうか。そこには、彼ら自身、結婚し、子どもがいたという経験が大きく影響していると思われます。

マハラバ村を経験した青い芝の会のメンバーらは、同じ脳性マヒ者同士で結婚し、子どもを授かりました。一九六〇年代半ばのことです。現在では、障害者同士のカップルが子どもを産み育てることも珍しいことではありません（ただし、まだまだ強い風当たりがあります）。しかし、当時の社会風潮としては、重度障害者が恋愛・結婚・妊娠・出産・育児をすることなど、想像もつかない人が多かったはずです。

「想像もつかない」というのは、「前例がない」というだけでなく、「禁忌」として考えること自体が避けられていたということでもあります。それくらい、障害者の「性」に関わる事柄や、障害者自身が「性」に関心を持つことは、長らく忌み嫌われてきたのです。

実際、身体障害者の月経介助の手間を軽減するために子宮摘出が行なわれたり、知的障害者が異性に関心を持ちはじめたので困るといった理由で不妊手術が行なわれたりしてきました。中には、障害者の親や、「親的な立場」にある施設職員が、障害者を「性」に関わるトラブルから遠ざける（守る）ために、そうした手術を必要としてきた事例もありました。

優生保護法改定反対運動を牽引したメンバーらは、こうした社会風潮や、親類・親兄弟からの反対に抗いながら、障害者同士で結婚し、子どもを産み育てることに挑んできました。障害者同士が結婚して子どもを産み育てることに挑み、またそれを自己実現として位置づけた第一世代とも言うべき人たちだったのです。

青い芝の会が、障害者の「性」の問題に取り組んできたのには、一つの水脈がありました。

第一章で紹介した文芸誌『しののめ』（初期青い芝の会の前身となった文芸サークル）では、すでに一九五〇年代半ばから、障害者の「性（性欲）」をテーマにした文学作品や評論などがたびたび誌面に登場しています。それらの作品・評論から見えてくるのは、在宅の障害者たちが親から「性の抑圧」を受け、その反動として性的なパートナーを求めようとする心理です。

ここでいう「性の抑圧」とは、「障害者には性欲などない（必要ない）」「障害者は異性への関心などない（持つべきでない）」「障害者は誰かから性的パートナーとして求められることはない（望ましくない）」といった先入観を押しつけられることです。

『しののめ』という文芸誌には、親からこうした先入観を押しつけられた障害者たちが、自分は「親の付属物」などではなく、一人の「人間」であることを証明するために、あえて最も忌避された「性」に触れようとする心理が、たびたび小説やエッセイなどで描かれています（前掲『障害と文学』）。

また、初期青い芝の会内でも、障害者の性の問題は重要な課題となっていました。同会の会報などには、障害者の恋愛や結婚をテーマにした文章がしばしば掲載されています。

マハラバ村を開設した大仏空和尚も、こうした脳性マヒ者たちによる「性」の議論に触発されていたようです。大仏和尚は、週刊誌（『女性セブン』一九六六年一一月九日号）の取材に対し、次のように応じています。

「三十五年の夏でした。私も関係している脳性マヒ者の同人誌〝しののめ〟（発行所・東京）の会が、霞ケ浦でキャンプしたことがあるんです。そのときいろんな話が出ました。身障者だって人間だ、恋もしたい、結婚もしたい……。その声が痛いほど私の胸を打ちました。脳性マヒ者たちが力をあわせて生きていけ、結婚もできるような施設……それをなんとかしてつくりあげたい……そう思って、古寺ですが、私のお寺を提供したんです」

マハラバ村が出来た背景には様々な事情が考えられますが、その小さくない要因の一つとして、「障害者の性」の問題に取り組むことがありました。実際、マハラバ村には、異性との出会いを求めて参加した脳性マヒ者も少なくありませんでした。たびたび名前が出てきている横田弘も、そうした動機でマハラバ村に飛び込んだ一人です。

〔なお、右の大仏和尚の発言について注釈を付しておきます。大仏和尚の言う〈(昭和)三十五年の夏〉に〈しののめ〉が行なった〈霞ケ浦でキャンプ〉というのは、「茨城県南障害者の会」という団体が行なった歩崎でのキャンプのことだと思われます。この団体と「しののめ」や初期青い芝の会には多くの脳性マヒ者が参加しており、メンバーも重なる部分がありました。また〈以上の経緯については、大仏和尚のご息女・増田レアさんにご教示いただきました。また「茨城県南障害者の会」の活動については、増田さんの著作『無縁の地平に』に記述がありま

特別記事

●三組の身障者夫婦の新婚旅行を追って……

脳性マヒ/この肉体の宿命をのり越えて心に愛の灯をともした私たち

横田弘さん(33歳)・淑子さん(30歳)
原田松男さん(33歳)・婦美子さん(30歳)
横塚晃一さん(31歳)・りえさん(29歳)

夫婦とも脳性マヒ……十月十五日、合同結婚式をあげた。この三組の夫婦には、文字どおり"手をとりあって"歩まねばならない、きびしい生活が待っている。しかし、新婚旅行へ出発する六人の顔は明るく、一歩一歩ふみしめる足どりも、自信に満ちていた——。

三つの愛がみのるまで

マハラバ村住人たちの合同結婚式を伝える特集記事
『女性セブン』1966年11月9日号

す)。

更に付言しておくと、初期青い芝の会では、障害者の「性」が早い時期から議論されていました。初期青い芝の会が毎夏行なっていた定例キャンプ(葉山町)の一九六〇年の回では、「愛情」や「結婚」について話し合われています(『青い芝』三周年記念特別号)。当時の青い芝の会長・山北厚が同年一〇月に結婚しますので、同会にとって「障害者の結婚」は身近な問題でもあったのでしょう」。

マハラバ村では、矢田龍司・飯田佐和子の結婚(一九六五年)を皮切りに、横田弘・永山淑子、原田松男・鈴木婦美子、横塚晃一・関口りゑらの結婚が相次ぎました。特に横田・原田・横塚らの結婚は、合同式の様子が週刊誌にも取り上げられ、話題になりました（『女性セブン』前掲号／『週刊アサヒ芸能』一九六六年一〇月三〇日号）。

こうして一九五〇〜六〇年代には、障害者にとって遠い「憧れ」であった「性」は、一九六〇年代後半〜七〇年代になると、現実に取り組むべき「課題」となっていったのです。

†結婚という「人間復権」

しかしながら、当時の障害者たちにとって、異性と出会う・恋愛する・セックスする・結婚する・子どもをつくるといった事柄を求めた際、真っ先に壁として立ちはだかったのが「親」でした。

例えば、青い芝の会で続いた障害者同士の結婚を報じた『朝日新聞』（京浜版、一九七〇年六月二六日）の記事で、横田弘は次のようにコメントしています。

「私が結婚するとき親も兄弟も大反対だった。親が面倒をみる。親が死ねば兄弟がお前の面倒をみるというのだ。まるで赤ん坊扱いだ。本当に生きたことになるか。身障者は人間でないというのか。私はまわりのすべてに抵抗して結婚をした」

「日陰におかれたわれわれが結婚に飛込むようになったのは人間復権が進んできたことだ。無理解、妨害がまだまだ多いが身障者の結婚をますます多くしなければならない」
（「愛こそわがいのち」）

なお、この記事のリード文には次のようにあります。

「身障者だからこそ血は熱い。それなのに人を恋し、愛されていけないなんてだれが決めたのだ。われわれの自由は奪えない」――こう叫んでまわりの反対を押切って結婚した重度の脳性マヒの夫婦がいる。はたらけないから生活は苦しい。しかし「本当に生きることは結婚することだ」として生活保護をもらって結婚に飛込む積極的な人がふえた。

彼らにとって、異性と出会う・恋愛する・セックスする・結婚する・子どもをつくるといったことは、自分の欲望を解放するという意味で（あるいは、自分も「欲望」といったエネルギーをもつ存在であるということを認識する意味で）、それ自体が〈人間復権〉や〈本当に生きること〉をかけた社会運動であったわけです。

しかし、彼らにとって、こうした事柄は深刻な葛藤を伴いました。その葛藤を二つの面から考えてみましょう。

一つは、〈人間復権〉や〈本当に生きること〉の獲得が、「抑圧への抵抗」というかたちで示される（かたちでしか示し得ない）という点です。

考えてみれば、「結婚」という制度ひとつを採り上げてみても、家事・育児を担う労力の不均衡や、どちらか一方（多くは女性）が慣れ親しんだ「姓」を手放さなければならないといったジェンダーの非対称性などの問題があります。

場合によっては、「結婚」という制度は人を拘束したり、抑圧したりしかねません。例えば、女性は「母」や「妻」といった性役割を負わされ、その範囲でのみ生きることを求められます。こうした問題提起は、当時（一九七〇年代）から女性運動家たちによって示されていました（そうした女性運動家たちが、優生保護法改定反対運動において、青い芝の会と対峙しつつ共闘しました）。

しかし、青い芝の会に集った障害者たちは、「禁じられたものを手に入れる」「世間の障害者像を覆す」といったカウンターの姿勢によって〈人間復権〉〈本当に生きること〉を手に入れようとしました。

当時の障害者運動家たちの発言には、例えば男性障害者であれば、これまで「男」として見られることがなかったからこそ、「女」を得て「男」であることを証明しようとしたり、女性障害者であれば、「結婚」して「妻」や「母」となることで「女としての生きがい」を得ようとしたりする心理がうかがえるものが少なくありません（青い芝の会は、人間を生産性や経済性といった観点から価値付けることを否定したという点では極めてラディカルでしたが、男女の性役割観については保守的な側面をもっていました）。

これはつまり、異性と出会う・恋愛する・セックスする・結婚する・子どもをつくるといった営みが、自分たちの人生を狭い範囲に押し込めようとする親への反発という意味合いを多分に帯びていたということでもあります（横田淑子「この十字架を背負いつつ私は愛に生きる」）。

横塚晃一も自身の結婚について、〈親の勢力圏〉から抜け出したかったという文脈で次のように述べています。


私の息子はこれから一生の間、障害者の親をもってどれ程苦労するかということは、あらかじめ予測がついているはずです。それでも私達は産み育てているのです。将来、子供になぜ産んだと問いつめられても一言もないのです。私が人間であるという証明のために、また私一人の自己主張のために子供が必要だったのです。

（『母よ！殺すな』七四頁）

彼らの葛藤の二つ目は、こうして授かった子どもが、自分とは異なる「健全者」であったという点です。

青い芝の会は〈「健全者」のエゴイズム〉を否定し、障害者として生きることに開き直り、社会の様々な抑圧をはね除けて結婚し、子どもを授かりました。しかし、脳性マヒ者同士のカップルから生まれた子どもが脳性マヒとは限りません。事実、彼らの子どもたちは、彼らが「健全者」と呼んだ人々と同じ、健康な身体を持っていました。こうした点について、横塚晃一は次のように言っています。

「脳性マヒ者にとって一番不幸なことは脳性マヒ者の親から健全者といわれる子供が生まれることである」といったらカンカンに怒られるであろうか。

（『母よ！殺すな』二七頁）

子どもが「健全者」であることは、彼らを更なる葛藤へと導きます。生まれた子どもが元気で丈夫であることを喜ぶのは「自然な親心」かもしれません。しかし、青い芝の会は、障害者が「健全者」を良いものと信じて憧れる心理を「健全者幻想」と呼び、強く戒めていました（第二章参照）。

そうした彼らにとって、「子どもが健全者であることを喜ぶ」ことは、「やはり障害者よりも健全者の方がよい」という「健全者幻想」が自分自身の中に深く根付いていることを証明することになってしまいます。

また、子どもが「健全者」であるということは、子どもは「健全者」中心の社会で生きていくことになります。

もともと、そうした「健全者」中心の社会に背を向け、いわばアウトサイダーとして生きることを追い求めたのがマハラバ村の試みだったのですが、そこで子どもを授かった脳性マヒ者カップルはマハラバ村を離脱し、子どもを一般社会の中で育てることを選びました。

このことについて、横塚晃一は次のように言っています。少し長いのですが、マハラバ村の〈解体〉を語る貴重な証言なので引用します。

又一方、我々は一般社会からはじき出された存在なのであるが、それだけに逆に一般社会に対するあこがれは執拗なまでに根強いものがある。このあこがれが我々の組織を破壊の方向に向けていった。結婚の必然的結果として三人の子供がコロニーに誕生したのが、今から思うとこれが決定的なコロニー解体の要因であったように思う。つまり自分は重度障害者でも子供は健康者なのである。健常者は健常者の中で育てなければという意識が生まれ、次々とコロニーから去っていった。「俺のためではない、この子のためだ」ということなのだが、このことは本人自身気付かないかもしれないが、大変なごまかしであり、よく言って錯覚であると思う。子供は自分の命の延長であり、その子供を通して自分自身が社会に復帰したいということなのである。私は何もここで誰かを責めているのではない。前にも言ったとおり重度障害者、ひいては人間としての生き方を問題としているのである。

それにしても己れの生命の永続性に対する執着と自分をはじき出した社会へあこがれ

るエネルギーには我ながら驚くばかりだ。これを克服できるのは宗教の他に道はないであろう。大仏師は宗教家であった。そしてその立場からコロニー理論（アウトサイダー理論）を打ち立て実際に試みたわけであるが、それに応える力が我々CPの側になかったのである。

（「敗軍の兵」）

こうした深刻な葛藤に直面しても、なお、彼らは子どもをつくることを選びました。そこまで子どもに執着した理由とは、何だったのでしょうか。

†「人間」の定義を組み替える

先に引用した横田弘・横塚晃一の言葉（特に傍線部）に再度、注目してください。

結婚して子どもをつくることが、〈人間〉としての存在証明と深く結びついていることに気がつくと思います。特に横塚は、自分が〈人間であるという証明のために〉子どもを必要とした、とまで述べています。

子どもをつくることによって〈証明〉される〈人間〉とは、何なのでしょうか。彼らにとって〈人間〉の定義とは、どのようなものだったのでしょうか。横塚の著書から〈人間〉という言葉の用例を探すと、例えば次のような気になる表現が見られます。

権力による隔離政策を許す限り障害者福祉はあり得ないし、人間社会のあり方としても望ましいとは思われない。

では我々脳性マヒ者、精薄者の生活形態は一体どうすればよいのだろうか。それはやはり他の人――同じ人間の身体から出て来た者――がそうであるように、それぞれの地域に住み、自分自身の生活を営むということが原則となるべきであると思う。

（『母よ！殺すな』四八頁）

どうやら横塚という人物は、〈人間〉という言葉を、「人間から生まれた者」あるいは「産む・生まれるという生命のつらなりに繋がれた者」といった意味合いで使っているようです。

実は、こうした〈人間〉という語の用例は横塚に限りません。横田弘にも見られますし、同世代の他の障害者たちにも見られます（前掲『差別されてる自覚はあるか』）。

〈人間〉という言葉に、こうした意味内容がこめられていたということは、裏返せば、それまで〈人間〉として扱われることなく、虐げられてきたことに対する怒り・悲哀・怨念が彼らのなかに潜在していたのだと思われます。〈人間〉として認められてこなかったからこそ、〈人間〉を授かることで、自身も〈人間〉であることを証明しようとした。そうした心理があったように思われます。

このような〈人間〉観（あるいは生命観）をもつ彼らだからこそ、〈優生上の見地から不良な子孫の出生を防止する〉ことを掲げた優生保護法は、あるいは「胎児条項」を導入しようとした同法改定案は、自分たち障害者を「産む・生まれる」という生命のつらなりから排除するものとして受け止められたのでしょう。

「性」や「生殖」に関わる事柄は、個人の尊厳に直結する問題です。

特に「子ども」に関しては、産む・産みたい・産まない・産めない・いまは産めないなど、人は様々な事情を抱えています。各人が、それぞれの置かれた状況のなかで、選択肢を持てることが大切です。

特に「ダイバーシティ（多様性）」が重要なキーワードとなっている現在、こうした

「性」と「生殖」に関する事柄は、ますます慎重な判断・対応が求められる問題となっていくでしょう(「ダイバーシティ社会」を私なりに定義すれば、「それぞれの事情と選択を侵害されない社会」です)。

こうした現在の感覚からすれば、青い芝の会の〈人間〉観は、かなり保守的で古めかしいものに感じられるかもしれません。あるいは、あまりにもナイーブなものに見えるかもしれません。また、「子どもを産む」という営みを「運動の一環」として捉えてしまう価値観に違和感を覚える人もいるでしょう。

事実、障害者運動が勝ち取った「障害者も子どもを産む」といった価値観が、後の世代の(特に女性)障害者たちに対し、時に心理的なプレッシャーを与える問題なども指摘されています(『当事者研究と専門知』)。

しかしながら、当時の彼らが突きつけたのは、「障害者だから」という理由で、最初から「産む・生まれる」というつらなりから排除してしまってよいのか、また国家が法律によってそのような価値観を明文化してしまってよいのか、といった問題でした。こうした問いかけの重要性は、いまなお考えなければなりません。

第五章で見た障害児殺害事件に対する減刑反対運動で、青い芝の会が作成したビラ（一三五頁）をもう一度見てみましょう。

私達は生きたいのです。
人間として生きる事を認めて欲しいのです。
ただ、それだけなのです。

（「CP者の生命を守るために正当な裁判を」）

ここにある〈人間として生きる事を認めて欲しい〉とは、ただ単に、その障害者一個人にだけ生きる資源を分け与えて欲しい、という主張ではありません。あるいは、社会の片隅にその人だけがひっそりと生きていけるスペースを空けて欲しい、ということでもありません。

青い芝の会の運動家たちの「言葉遣い」を丁寧に読み解いていけば、ここで言う〈人間として生きる事を認めて欲しい〉とは、障害者もこの社会のなかで、人から生まれたり、人を産んだりする存在として認めて欲しいということです。

青い芝の会による優生保護法改定反対闘争とは、「障害者と共に生きる」ということを、こうした次元にまで掘り下げて考えて欲しいという訴えだったのではないでしょうか。

終章

障害者差別と向き合う言葉

終章では、言葉という観点から一九七〇年代以降の障害者運動を振り返り、この社会がどれだけ前進しているのかについて考えます。

†変わらない言葉

二〇一六年七月二六日に起きた「相模原障害者施設殺傷事件」（以下、相模原事件と表記）以降、特にこの事件をめぐる報道のなかで、とある言葉（フレーズ）をたびたび見かけました。一つは「優生思想」であり、もう一つは「障害者も同じ人間」です。

まず一つ目の「優生思想」から考えてみましょう。

「優生思想」とは、おおむね「健康で優れた心身を備えた者を『善』とし、そうした『素質』をもつ者の数を増やしていく一方、障害や病気がある者を劣った『悪』とし、そうした『素質』をもつ者の数を減らしていこうとする価値観」といった意味で用いられ、「障害者差別」の根源にある思想として捉えられています。相模原事件は、こうした「優生思想」が最悪のかたちで現実化した事件だと言えるでしょう。

新聞各紙は、この事件を検証・考察する特集を企画しています。そうした特集記事でも、しばしばこの言葉がキーワードになっていました。

例えば『朝日新聞』の連載「相模原事件が投げかけるもの（上）」（二〇一六年八月二五日）では、「優生思想、連鎖する怖さ」と題され、日本障害者協議会の藤井克徳代表のコメントが寄せられています。

この記事中、藤井代表は、相模原事件の被告人（本書執筆時における当人の立場）が〈ヒトラーの思想が降りてきた〉といった主旨の発言をしていたことについて、ナチスの〈おぞましい思想〉の再来を危惧しています。

ナチスドイツが多数の精神病者を虐殺した施設を訪れた経験のある藤井代表は、〈労働能力で人間の価値に優劣をつけ強者だけを残そうという優生思想は、非障害者には無縁に思える。だが高齢者、病人と、弱者探しは連鎖する。これが優生思想の怖さだ〉と警鐘を鳴らしています。

ただし、同記事で社会学者の市野川容孝さんも指摘しているとおり、「優生思想」はもともとナチス由来でも、ナチスだけに見られた特殊な考え方でもありません。こうした価値観に基づき、障害者の出生を予防したり、障害者に対して子どもが生まれないようにするための手術を強いたりする政策は、程度の差こそあれ、世界各地で導入されてきました。日本にも一九九六年まで、〈優生上の見地から不良な子孫の出生を防止する〉ことを目的とした優生保護法が存在していたことは、第七章で見たとおりです。かつては「障害者はいない方がよい」といった価値観が差別的なものであるという認識がなかったのです。

ただし、こうした価値観が「優生思想」という言葉によって名指しされ、「障害者差別に通じる悪しき価値観である」と批判されるようになったのは、やはり、ナチスドイツによる障害者虐殺への批判と密接なつながりがあります。

「障害者はいないほうがよい」といった価値観が障害者差別に通じるという問題提起がなされたのも、一九七〇年代における青い芝の会の運動がきっかけでした。

「優生学」や「優生思想」の歴史について考えるための優れた入門書『優生学と人間社会』によれば、「優生学」や「優生思想」がナチスの障害者虐殺という悪夢と結びつき、極めて差別的な思想として問題視されるようになったのは、一九七〇年前後からだとされています。

その背景には、公民権運動の高まりや、反戦・反公害運動によって高まった科学技術への警戒心、そして分子生物学の発展によるＤＮＡ解析の進展などがあげられています。特に日本においては、青い芝の会による一連の障害者差別反対闘争が〈その後の「優生」に対する否定的なイメージの形成に決定的な役割を果たした〉と指摘されています（二一四頁）。

実際、青い芝の会は一九七〇年代を中心に、障害者の生存権を否定するような社会の価値観に対し、ナチスドイツの障害者虐殺と関連付けて、「優生思想」の現れであると繰返し批判しています。

具体的に彼らが批判したのは、障害者の「安楽死」を肯定しようとする価値観や、優生保護法に「胎児条項」を導入しようとする主張、あるいは大規模施設に障害者を隔離収容しようとする意見でした。

例えば第一章で紹介した作家の水上勉は、「拝啓池田総理大臣殿」を著して障害児施設の不足を批判し、当時たいへんな話題になりました。しかし、この水上勉も青い芝の会から痛烈に批判されています。

作家の水上勉氏が当時の首相に宛てた「拝啓総理大臣殿」という一文こそ形は違え、ナチス・ドイツに障害者抹殺の口実を与えた父親の運動と全く一致するものなのである。

（『障害者殺しの思想』六〇頁）

傍線部について、『障害者殺しの思想』現代書館版の注釈には〈ナチスドイツの障害者安楽死計画は、一九三九年に重度障害児をもつ父親（ナチス党員）からヒトラーに寄せられた「慈悲殺」の陳情を許可したことから考案された〉とあります。青い芝の会の目には、水上とナチス党員の父親とが重なって見えたのでしょう。

水上の「拝啓池田総理大臣殿」は、彼と同じように障害児をもち、施設不足に悩んでいた親たちからは高く評価されたのですが、青い芝の会にとってみれば、そうした親たちの価値観自体が差別的なものとして受け止められたのです。

なお、青い芝の会が水上を批判した背景には、次のような発言も関係しているでしょう。水上は『婦人公論』（一九六三年二月号）で企画された「誌上裁判　奇形児は殺されるべきか」という座談会で次のように語っています。

私が言いたいのは、病院でそういう子（引用者注――重症心身障害児）が生まれた場合に、白いシーツに包んでその子をすぐきれいな花園に持っていってくれればいいということだ。

私は、生命審議会をさっそく作ってもらって、そこへ相談に行けば、子どもの実情や家庭の事情を審査し、生死を決定するというふうにしてほしいのです。

こうした発言も、『婦人公論』という大手メディアに掲載されていた点を考えれば、当時（六〇年代前半）は社会的に問題のある発言としては考えられていなかったのだと思われます。

水上が言う〈きれいな花園〉とは、その後の文脈から〈奇形の子を太陽に向ける施設〉

のことと考えられますが、青い芝の会からすれば、〈きれいな花園〉(＝障害児施設)と〈生命審議会〉(＝生命の選別)が結びついた価値観は、自分たち障害者の生存権を脅かすものとして受け止められたのです。

こうした青い芝の会の主張に対し、高杉晋吾や本多勝一といったジャーナリストたちも共鳴しました(本多勝一には脳性マヒの妹がいました)。例えば高杉は、障害者を大規模施設に収容していく政策をナチズムの現れであると厳しく批判しています(『現代日本の差別構造』)。

また青い芝の会は、第七章で見た優生保護法改定案に対しても、ナチズムと結びつけて批判しています。横塚晃一は次のように記しています

> 優生保護法改正案は、かつてナチスドイツがユダヤ人大量虐殺とともに、誇り高きゲルマン民族の強化という大義名分のもとに(劣悪な子孫をなくすため)数十万の身障者、精薄者を殺したことと基本的にどこが違うのでしょうか。
>
> (『母よ!殺すな』一二〇頁)

優生保護法の制定に尽力した人物に、太田典礼（産婦人科医・衆議院議員）がいます。彼は後に日本安楽死協会を設立し、「安楽死」法制化を強く訴えた人物としても知られています。

その太田は、「安楽死」の対象に重度障害者を含めるべきである旨の発言をたびたび行なっていました。例えば『週刊朝日』（一九七二年一〇月二七日号）で企画された特集「身障者殺人事件　安楽死させられる側の〝声にならない声〟」では、〈植物人間は、人格のある人間だとは思ってません。無用の者は、社会から消えるべきなんだ〉といった太田のコメントが紹介されています。

こうした「人間の線引き」を行なうような発言や価値観に対して、青い芝の会は批判を続けてきました。日本の障害者運動のなかには、「安楽死」に対して特別な警戒心を抱く団体や個人が少なくありませんが、その背景には、七〇年代以来の運動の蓄積が存在しているのです。

†社会の問題を語る言葉

一九七〇年代には、特に青い芝の会を中心とした障害者運動家たちによって、障害者差別とナチズムが結びつけられて批判されました。この頃に前後して、「なぜ障害者差別をしてはならないのか」について論じる際に、「それはナチスドイツが行なったことに通じるからだ」と説明する論法が一つの定型になり、相応の影響力をもちはじめたのです（荒井裕樹『障害と文学』参照）。

このように考えると、「優生思想」という言葉が障害者差別を批判する文脈で使われるようになってから、約半世紀近い時間が経過したことになります。これは裏返せば、障害者差別を批判する文脈で使われ出した「優生思想」という言葉が、約半世紀の時間を経てもなお使われ続けているということになります。

このことには、二つの論点があるでしょう。

一つは、それだけ「優生思想」というものが、乗り越えることが難しい深刻な問題であるという点です。もう一つは、約半世紀もの間、この社会は「優生思想」に替わる「障害者差別と向き合う言葉」を生み出し得ていないのではないかという点です。

これは一つの問題を二つの側面から見たことになるのかもしれません。

「優生思想」という言葉を、現在のような否定的な意味で使いはじめたのは七〇年代の障害者運動家たちであり、そうした運動家たちから言わせれば、未だにこうした価値観と闘わなければならないような社会に問題があることになるでしょう。

また一方で、社会全体として、こうした価値観と真剣に向き合う意志に欠けるからこそ、「優生思想」以外に「障害者差別と向き合う言葉」が新たに生み出されてこない、ということになるでしょう。


そもそも、ある社会問題を考える上で、約半世紀前の言葉が使われ続けていることの意味を私たちは考えなければなりません。

例えば、「性差別」を批判する言葉は、この二〇～三〇年の間に増えてきました。国内初の「セクシャル・ハラスメント」をめぐる裁判が提起されたのが一九八九年のことです。この言葉は、同年の「新語・流行語大賞」の新語部門金賞を受賞しました。

それから約三〇年という時間を経て、いまや「セクシャル・ハラスメント（セクハラ）」は誰もが知る言葉となり、その内実も「対価型」や「環境型」をはじめとしたいくつかの類型に細分化されたり、「マタニティ・ハラスメント」や「ジェンダー・ハラスメント」といった派生的な言葉も生じたりしてきました。

また、これ以外にも「DV（ドメスティック・バイオレンス）」などのように、それまで

「暴力」「性暴力」として認知されてこなかった問題を浮き彫りにするような言葉が増えたり、「#MeToo」といったかたちで、性暴力被害者たちの連帯を促す運動が起きたりしました。近年では、セクシュアル・マイノリティに関わる言葉（「LGBTQ」など）が増えてきたように思います。

一つの言葉は、長らく使われ続けるうちに、意味内容が細分化されたり、派生的な言葉を生み出したりしていきます。性差別や性暴力を批判する言葉が増えてきた背景には、こうした差別や暴力を乗り越え、多様性のある社会を求める意志を掲げた人たちが存在したことを忘れるべきではありません。そうした意志が、「社会の問題を語る言葉」の数を増やしていくのです。

対して、「障害者差別」に関してはどうでしょうか。「性差別」に見られたように、言葉のバリエーションが増えてきたでしょうか。

なかには増えた言葉もあると思います。

例えば、一九九〇年代以降、「障害は個性」や「みんな違ってみんないい」といった言葉が、障害者との共生を目指す文脈でしばしば見かけられるようになりました。しかし、これらの言葉は、どちらかというと「障害者と仲良くするための言葉」であり、「障害者差別」という人権侵害を抑止したり糾弾したりする「闘う言葉」ではないようです。

考えてみれば、「障害者差別」を言い表す言葉も、もっと多様に細分化されていてよいはずです。身体障害・知的障害・精神障害といった異なる事情をもつ人たちが、それぞれの場面・文脈において社会から受ける冷遇や抑圧を、それぞれに言い表す言葉があっても不思議ではないのですが、現状、私たちはそのような言葉を持ち合わせていません。(例えば、丁寧な説明を求める知的障害者の要求が拒絶されたり、聴覚障害者が筆談での対話を拒絶されたりするような事例について、それぞれ個別に言い表す言葉を——少なくとも社会的に共有されたものとして——私たちは持っていません。)

ある差別について語る言葉がない(少ない)ことは、その社会に差別が存在しないことを意味しません。むしろ、差別について語る言葉が少ないほど、その社会が差別に対して鈍感であることを意味しています。

そのように考えると、相模原事件が起きた後もなお、私たちが「優生思想」という言葉を、約半世紀前とほとんど同じ意味合いで使い続けていることの意味を、一度立ち止まって考えなければなりません。

†「人間」の線引きに抗う

次に「障害者も同じ人間」というフレーズについて考えてみましょう。

相模原事件に関する報道や行事のなかで、「障害者も同じ人間」といったフレーズをたびたび見かけました。

私は一人の文学研究者として、この「人間」ほど難しい言葉はないと思っています。というのも、「人間」という言葉は往々にして、各人がそれぞれの思い入れを込めて使うため、使う人の数だけ意味が生じてしまうのです。

相模原事件の被告人は、重度障害者は不幸を作り出すことしかできず、意思疎通のできない障害者は「安楽死」させるべきである旨の発言をしています。また、自身が手にかけた被害者を「人間」とは見なしていない旨の発言も報じられています（神奈川新聞「時代の正体」取材班編『時代の正体 Vol.3』）。

この被告人は、障害者の生きる意味を平然かつ露骨に否定しました。またSNSなどでは、彼のそうした価値観に同調したり、あまつさえ支持したりする言葉も現れました。

「障害者には生きる意味がない」というフレーズは、実は、まともに反論しにくい、極めて厄介な性質をもっています。というのも、「障害者には生きる意味がない」というフレーズに正面から反論しようとすると、反論者側に「障害者が生きる意味」の立証責任が生じてしまう（かのように錯覚させられてしまう）からです。

そもそも、「人が生きる意味」について、軽々に議論などできません。障害があろうとなかろうと、人は誰しも「自分が生きている意味」を簡潔に説明することなどできないと思います。「自分が生きる意味」も、「自分が生きてきたことの意味」も、簡略な言葉でまとめられるような、浅薄なものではないからです。

私は「自分が生きる意味」について、心のなかで思い悩んだり、大切な人と語り合ったりすることはあります。自分の生きがいについて、誰かに知ってほしくて、その思いを発信することもあります。

しかし、私が「生きる意味」について、第三者から説明を求められる筋合いはありません。また、社会に対して、それを論証しなければならない義務も負っていません。もしも私が第三者から「生きる意味」についての説明を求められ、それに対して説得力のある説明が展開できなかった場合、私には「生きる意味」がないことになるのでしょうか。だとしたら、それはあまりにも理不尽な暴力だとしか言えません。

この社会のなかで、誰かに対し、「生きる意味」の証明作業を求めたり、そうした努力を課すこと自体、深刻な暴力であることを私たちは認識する必要があります。

重度障害者に対し「生きる意味」の証明作業を求めるような価値観は、必ず、重度障害者以外に対しても牙を剥くでしょう。

相模原事件の後、「障害者も同じ人間」といったフレーズが繰返された背景には、「人間」の価値を身勝手に決めつけ、乱暴に線引きしようとする被告人の妄想を否定しなければならないといった危機感が存在していたと思われます。

障害の有無にかかわらず、人は皆、等しくかけがえのない存在であり、等しい尊厳を有した存在であるという意味において、「障害者も同じ人間」というフレーズはまったく間違ってもいなければ、無力なきれいごとでもありません。

しかしながら、歴史的に見て、こうしたフレーズがどのような意味をもってきたのかを、私たちは知らなければなりません。皮肉なことですが、「障害者も同じ人間」というフレーズは、かえって障害者本人たちを抑圧するような力をもってしまうことがありました。

例えば、優生保護法の対象として規定されていた疾患の一つにハンセン病があります。患者たちが隔離収容された療養所では、患者同士が結婚する際の条件として不妊手術が強いられたり、妊娠が発覚した場合に中絶手術が行なわれたりしてきました。

こうした療養所のなかで、患者が不妊手術や中絶手術を受け入れる際（受け入れさせられる際）、「同じ人間」というフレーズが強力なロジックになってしまうことがありました。つまり、「患者も『同じ人間』なのだから、可哀想な子どもを産むべきでないという思慮深さを持つべきだ」というかたちで、患者たちの心を縛ってしまったのです（荒井裕樹『隔離の文学』）。

「人間」とは極めて普遍的で抽象的な言葉だからこそ、ともすると、個々人の抱えた事情を一切無視して、少数者を多数者の論理に従わせたり、多数者の価値観を少数者に受け入れさせたりする抑圧的な言葉として、いかようにも転用できてしまいます。

つまり、「障害者も同じ人間なのだから」という表現は、障害者に対して我慢や自制を強いる表現としても使われかねないのです。

「人間」という言葉は、その輪郭を各自が勝手に議論し得てしまいます。そもそも「人間」とは誰のことか。「人間」の条件とは何なのか。そうした議論が、時に粗雑で乱暴なかたちでなされてしまうことがあります。

事実、相模原事件の被告人は、意思疎通のできない重度障害者を「心失者」と呼び、

「人間」であることを否定しました。誰かのことを手前勝手な感覚によって「人間」として認めたり認めなかったりする価値観に、私は恐怖を覚えます。

†「人間」の意味を積み上げる

厄介なのは、こうした問題がありながらも、「障害者も同じ人間」というフレーズ自体は間違いではないという点です。問題は、この「人間」という言葉に対し、この社会は、私たちは、どのような意味内容を込めていくのかという点にあります。

障害者運動のなかでも、「障害者も同じ人間」といったフレーズは頻繁に使われてきました。では、そうした運動の現場では、この「人間」はどのような意味合いで用いられてきたのでしょうか。本書で紹介した事例に話を絞り、考えてみましょう。

第三章で紹介した高山久子（初期青い芝の会の創立メンバー）が書いた、「小児麻痺患者も人間です」（一九五六年）という手記を思い出してください。この手記が一つのきっかけとなって初期青い芝の会が結成されました。

この手記の末尾に〈私達に社会の一部をさいて下さい〉という一文がありました。その後の青い芝の会の活動を考えれば、これ自体は微温な言い方ではありますが、五〇年代当時、障害者が社会に対してはっきりと要求する姿勢を示したことは画期的なことでした。

この文章で高山が叫んだ〈小児麻痺患者も人間です〉というフレーズは、社会のなかに障害者の居場所やスペースを作って欲しい、障害者と社会の接点を作って欲しい、といった主旨の主張だったわけです。

第七章では、青い芝の会のビラを紹介しました（二一九頁）。青い芝の会にとってはじめての大々的な抗議行動となった減刑反対運動（第五章参照）で作成されたビラです（一三五頁掲載の写真参照）。このなかでは〈私達は生きたいのです。／人間として生きる事を認めて欲しいのです。／ただ、それだけなのです。〉といった表現がなされていました。

青い芝の会が使う「人間」という言葉には、人から生まれたり、人を産んだりする存在として認めて欲しいといった意味合いが込められていた点も、第七章で確認しました。

彼らが起こした一連の反差別運動における主張を踏まえれば、青い芝の会が言うところの〈人間として生きる事を認めて欲しい〉とは、「障害者だからといって殺すな」といった最底辺の叫びからはじまり、「普通」の人が「普通」にしていること（「街中で生きる」「バスに乗る」「恋愛する」「結婚する」「子どもを産み育てる」など）を障害者にも認めて欲しいといった主張へと、徐々にその意味の幅を広げてきたと考えられます。

障害者たちが障害者運動のなかで叫んできた「障害者も同じ人間」というフレーズは、「障害者も生物学上『人間』に分類される存在である」などといった意味ではありません。運動の蓄積に鑑みるならば、この言葉は「障害者も社会のなかで共に生活する者である」といったメッセージとして育て上げられてきたフレーズです。

現在、この社会には障害者差別解消法〈序章参照〉が制定・施行されています。障害者への差別を「解消」するための努力を、社会全体で積み重ねていくことを理念として掲げたわけです。そうした現在、「障害者も同じ人間」というフレーズは、「他の人々に認められている社会参加への機会や権利は、障害者にも等しく認められるべきである」といった意味内容で使われなければならないはずです。

極めてもどかしく、また言葉にするのが難しいのですが、重度障害者が「人間」であることを否定した凶行に対し、「障害者も同じ人間」という言葉をぶつけ続けていると、「人間」という言葉の画素数が粗くなってしまう恐れがあります。

つまり、約半世紀をかけて障害者運動が積み重ねてきた「障害者も同じ人間」というフレーズの意味が、「障害者も同じ人間なのだから無下に殺してはならない」といった次元へと後退してしまう懸念が生じるのです。

相模原事件とは、これほどまでに「障害者運動が蓄積してきたこと」を根底から破壊する蛮行だったのです。

壊されたものは、また積み上げねばなりません。

「障害者も同じ人間」というフレーズに、これから、どんな意味を積み上げていくのか。それは、相模原事件という凶行が起きてしまった社会を生きる私たちが引き受け、考えるべき問題です。

参考文献（提示順）

序章

「障害児『妊娠初期にわかり出産減らせたら』」『朝日新聞』二〇一五年一一月一九日、朝刊三八面

「長谷川氏辞職に同意」『朝日新聞』茨城版、二〇一五年一一月二五日、朝刊二九面

第一章

「明るく育て〝青い芝〟の会　不自由な手を結び　立上る脳性マヒ患者たち」『朝日新聞』一九五七年一〇月一二日、朝刊一一面

杉本章『〈増補改訂版〉障害者はどう生きてきたか――戦前・戦後障害者運動史』現代書館、二〇〇八年

松山善三「小児麻痺と闘う人々」『婦人公論』一九六一年九月号

水上勉「拝啓池田総理大臣殿」『中央公論』一九六三年六月号

黒金泰美「拝復水上勉様――総理にかわり、『拝啓池田総理大臣殿』に答える」『中央公論』一九六三年七月号

「身障児対策を推進」『朝日新聞』一九六五年九月五日、朝刊一面

「〝障害者の楽園〟完成へ　国立コロニー受入れ準備も始る」『朝日新聞』一九七〇年一〇月一一日、朝刊二三面

比久田憂吾「母にむかいて」『しののめ』七〇号、しののめ発行所、一九七〇年一二月

しののめ編集部『脳性マヒの本』しののめ増刊、しののめ発行所、一九七二年
山北厚「会長となって」『青い芝』第一号、青い芝の会、一九五七年一二月
江藤文夫「身体障害者手帳制度に関する最近の話題」『ノーマライゼーション――障害者の福祉』日本障害者リハビリテーション協会、二〇一三年一一月号
文部省編『学制百二十年史』ぎょうせい、一九九二年

第二章

横塚晃一「敗軍の兵」『整肢療護園同窓会会報』三三号、一九七〇年二月（『おせんち山 資料編』整肢療護園同窓会30周年記念誌別冊、整肢療護園同窓会発行、一九八五年、所収）
横田弘『障害者殺しの思想』初版＝JCA出版、一九七九年。増補新装版＝現代書館、二〇一五年
横塚晃一『母よ！殺すな』初版＝すずさわ書店、一九七五年。増補版＝すずさわ書店、一九八一年。増補復刻版＝生活書院、二〇〇七年
荒井裕樹『差別されてる自覚はあるか――横田弘と青い芝の会「行動綱領」』現代書館、二〇一七年
金満里『生きることのはじまり』筑摩書房、一九九六年
津田道夫・木田一弘・山田英造・斉藤光正『障害者の解放運動』三一書房、一九七七年

第三章

『朝日新聞』解説欄「ことば」一九八一年二月六日、朝刊四面
『読売新聞』解説欄「ミニ解説」一九八一年三月二四日、朝刊五面
日本身体障害者友愛会会報『友愛通信』（障害者運動資料集成『友愛通信』全一五巻、復刻版、柏書房、

二〇〇二年）
有安茂「身体障害者友愛会創立と『友愛通信』創刊一周年をむかえて」『友愛通信』（復刻版）六号、一九五五年九月
「お母さんの体験記」『青い芝』二周年記念号、青い芝の会、一九五九年一一月
伴井嘉子「肢体不自由者の希い」『婦人公論』一九五六年七月号
高山久子「小児麻痺患者も人間です」『婦人公論』一九五六年七月号
花田春兆「うたの森」『ノーマライゼーション――障害者の福祉』日本障害者リハビリテーション協会、一九九九年九月号
伴井嘉子「私の願望」『しののめ』四三号、重障者収容施設特集、しののめ発行所、一九六一年二月
小山正義「障害者の問題は障害者の手で」青い芝の会神奈川県連合会会報『あゆみ』（復刻版）二号、一九六六年六月
横塚晃一『母よ！殺すな』増補復刻版、生活書院、二〇〇七年
九龍ジョー「運動はすぐそばにある――本当に「障害者は自分の人生に関係ない」と言えるか」（荒井裕樹との対談）、荒井裕樹対談集『どうして、もっと怒らないの？――生きづらい「いま」を生き延びる術は障害者運動が教えてくれる』現代書館、二〇一九年、所収

第四章

内閣府リーフレット『「合理的配慮」を知っていますか？』
横田弘『障害者殺しの思想』増補新装版、現代書館、二〇一五年
横田弘「やっぱり障害者が生きていることは当たり前じゃない」全国自立生活センター協議会編『自立生

活運動と障害文化——当事者からの福祉論』全国自立生活センター協議会、二〇〇一年、所収
九龍ジョー「運動はすぐそばにある——本当に「障害者は自分の人生に関係ない」と言えるか」（荒井裕樹との対談）、荒井裕樹対談集『どうして、もっと怒らないの？——生きづらい「いま」を生き延びる術は障害者運動が教えてくれる』現代書館、二〇一九年、所収
荒井裕樹『障害と文学——「しののめ」から「青い芝の会」へ』現代書館、二〇一一年
『しののめ』四七号、特集「安楽死をめぐって」しののめ発行所、一九六二年四月
正木恒子「母と子の立場から」（往復書簡）前掲『しののめ』四七号、所収
横田弘「過程」『しののめ』四八号、しののめ発行所、一九六二年九月
油田優衣「強迫的・排他的な理想としての〈強い障害者像〉——介助者との関係における「私」の体験から」『当事者研究をはじめよう』金剛出版、二〇一九年
横田弘「メーデー会場にて」青い芝の会神奈川県連合会会報『あゆみ』（復刻版）九号、一九七〇年六月

第五章

「『障害者×感動』を問う　NHKの『24時間テレビ』裏番組に反響」『朝日新聞』二〇一六年九月三日、朝刊三三面
ロイス・キース著、藤田真利子訳『クララは歩かなくてはいけないの？——少女小説にみる死と障害と治癒』明石書店、二〇〇三年
『あゆみ』四九号、青い芝の会神奈川県連合会会報（復刻版）、一九七九年一二月
「『障害児殺し』描く劇画誌回収　『まっ殺　正当化の危険性』関係者の抗議殺到」『朝日新聞』一九七九年九月五日、夕刊六面

「絶望に泣いた母と子　収容拒んだ県施設　政令都市住民に厚いカベ」『朝日新聞』神奈川版、一九七〇年六月七日、二四面
「小児マヒの子殺す　上の子もマヒ、疲れた母」『読売新聞』一九七〇年五月二九日、夕刊一一面
「脳性マヒの幼女殺す　金沢区で母親逮捕　夜泣きにかっとなる」『神奈川新聞』一九七〇年五月三〇日、一五面
「罪は罪として裁け　許せぬ責任放棄　脳性マヒ者の会が意見書」『朝日新聞』神奈川版、一九七〇年七月六日、二〇面
「ムチ打つのは哀れ　身障児殺し減刑問題に反響　施設作りこそ急務」『朝日新聞』神奈川版、一九七〇年七月一五日、二四面
『あゆみ』一〇号、青い芝の会神奈川県連合会会報（復刻版）、一九七〇年八月
横塚晃一『母よ！殺すな』増補復刻版、生活書院、二〇〇七年
『あゆみ』一五号、青い芝の会神奈川県連合会会報（復刻版）、一九七二年八月
横田弘『障害者殺しの思想』増補新装版、現代書館、二〇一五年
横田弘対談集『否定されるいのちからの問い――脳性マヒ者として生きて』現代書館、二〇〇四年

第六章

「障害者配慮の社会　道半ば　車いす男性、バニラ・エアに自力で搭乗」『朝日新聞』二〇一七年八月七日、朝刊二二面
「車イス60人強行分乗　バス46台ストップ　窓割り、座り込み、大混乱」『読売新聞』一九七七年四月一三日、朝刊二三面

「身障者のバス騒動を演出する川崎『青い芝の会』のリーダー」『週刊新潮』一九七七年四月二八日号

横田弘『障害者殺しの思想』増補新装版、現代書館、二〇一五年

「バスに車イスお断り　川崎で強行　〝乗せろ〟紛糾続出」『読売新聞』一九七六年一二月一一日、朝刊二三面

「『車イス乗車ぜひ認めて』　川崎の脳性マヒ者協会市と初会談」『朝日新聞』一九七七年一月八日、朝刊一八面

「介護人がいれば車イスのままのバス乗車認める」『朝日新聞』一九七七年一〇月二二日、朝刊二二面

「対立続く車イスのバス乗車　差別に通じる『過保護』　義務も責任も平等扱いで」『読売新聞』一九七七年一〇月二五日、朝刊七面

「『介護人、同伴させる』　車イスのバス乗車　運輸省が統一基準」『読売新聞』一九七八年三月二八日、朝刊三面

「車イス乗車に係る問題点の打開対策について」青い芝の会神奈川県連合会会報『あゆみ』（復刻版）三九号、一九七七年九月、所収

「車椅子乗車問題に関する見解」前掲『あゆみ』三九号、所収

横塚晃一「全日本運輸労働組合協議会への抗議文」前掲『あゆみ』三九号、『母よ！殺すな』増補復刻版、生活書院、二〇〇七年、所収

廣野俊輔「川崎バス闘争の再検討——障害者が直面した困難とは？」『社会福祉学』第五五巻第四号、二〇一五年

第七章

ヒュー・グレゴリー・ギャラファー著、長瀬修訳『ナチスドイツと障害者「安楽死」計画』新装版、現代書館、二〇一七年
『それはホロコーストの〝リハーサル〟だった～障害者虐殺70年目の真実～』ＥＴＶ特集、二〇一五年一一月七日放送
毎日新聞取材班『強制不妊――旧優生保護法を問う』毎日新聞出版、二〇一九年
優生手術に対する謝罪を求める会編『優生保護法が犯した罪――子どもをもつことを奪われた人々の証言』増補新装版、現代書館、二〇一八年
長田文子『癒ゆるなき身の』歌集、東雲発行所、東雲叢書2、一九六一年
北原紀夫「廃者の領域　2モルモットの眼」『石器』二号、国立療養所詩人同盟、一九五三年一二月
荒井裕樹『隔離の文学――ハンセン病療養所の自己表現史』書肆アルス、二〇一一年
荒井裕樹『障害と文学――「しののめ」から「青い芝の会」へ』現代書館、二〇一一年
横塚晃一『母よ！殺すな』増補復刻版、生活書院、二〇〇七年
「請願書」青い芝の会神奈川県連合会会報『あゆみ』(復刻版) 一九号付録、一九七三年八月、所収
横田弘『障害者殺しの思想』増補新装版、現代書館、二〇一五年
「障害者は殺されるのが当然か！　優生保護法改正案に反対する」前掲『あゆみ』一九号付録、所収
「殺される、立場から　集会宣言」前掲『あゆみ』一九号付録、所収
荒井裕樹『差別されてる自覚はあるか――横田弘と青い芝の会「行動綱領」』現代書館、二〇一七年
「特別記事　脳性マヒ　この肉体の宿命をのり越えて　心に愛の灯をともした私たち」『女性セブン』一九六六年一一月九日号
増田レア『無縁の地平に――大仏照子の生涯』マハラバ文庫、二〇一五年

『青い芝』三周年記念特別号「夏のキャンプ」一九六〇年一一月
「クローズアップ　この三組に幸あれ　善意で実った身障者同士の合同結婚式」『週刊アサヒ芸能』一九六六年一〇月三〇日号
「愛こそわがいのち　身障カップル次々誕生　生きるからには幸福を」『朝日新聞』京浜版、一九七〇年六月二六日、二四面
横田淑子「この十字架を背負いつつ私は愛に生きる」『主婦と生活』一九六七年三月号
横塚晃一「敗軍の兵」『整肢療護園同窓会会報』三三号、一九七〇年二月（『おせんち山 資料編』整肢療護園同窓会30周年記念誌別冊、整肢療護園同窓会発行、一九八五年、所収）
「座談会　世代間継承①——身体障害・難病編」『当事者研究と専門知——生き延びるための知の再配置』金剛出版、二〇一八年

終章

「相模原事件が投げかけるもの（上）」『朝日新聞』二〇一六年八月二五日、朝刊三七面
米本昌平・松原洋子・橳島次郎・市野川容孝『優生学と人間社会——生命科学の世紀はどこへ向かうのか』講談社現代新書、二〇〇〇年
横田弘『障害者殺しの思想』増補新装版、現代書館、二〇一五年
「誌上裁判　奇形児は殺されるべきか」『婦人公論』一九六三年二月号、石川達三・戸川エマ・小林提樹・水上勉・仁木悦子
高杉晋吾『現代日本の差別構造——「健全者」幻想の破産』三一書房、一九七三年
横塚晃一『母よ！殺すな』増補復刻版、生活書院、二〇〇七年

「特集　身障者殺人事件　安楽死させられる側の〝声にならない声〟」『週刊朝日』一九七二年一〇月二七日号
荒井裕樹『障害と文学――「しののめ」から「青い芝の会」へ』現代書館、二〇一一年
神奈川新聞「時代の正体」取材班編『時代の正体 Vol.3――忘却に抗い、語りつづける』現代思潮新社、二〇一九年
荒井裕樹『隔離の文学――ハンセン病療養所の自己表現史』書肆アルス、二〇一一年

あとがき

日本文学の研究室に所属していた大学院生時代、とあることがきっかけで、脳性マヒの障害者運動家で文筆家の花田春兆さん（元・日本障害者協議会副代表、二〇一七年逝去）と出会いました。

祖父と孫ほど歳が離れていることに加え、文学研究を志す学生が障害者運動に関心をもったことが珍しかったようで、春兆さんにはずいぶんと気にかけていただきました。私の方も、春兆さんの気さくな人柄と、その小さな身体で担われきた運動の大きさにすっかり魅了されてしまい、呼び出しがかかるたびに馳せ参じては、方々の外出にお伴するといった院生時代を過ごしました。

あの頃、春兆さんからは膨大な量の体験談を聞かせていただいたように思います。戦前の障害者たちはどのような暮らしをしていたのか。戦時中はどうやって生き延びたのか。戦後の民主主義の到来をどのように受け止めたのか。高度経済成長の裏側でどのような生活を強いられたのか。春兆さんはこうしたご自身の経験を、言語障害を伴いながらも不思議と軽快な語り口で、お会いするたびに聞かせてくだいました。

本書の原点（あるいは私の研究の原点）をあげるとすれば、あの頃に聞かせてもらった体験談に行き着くと思います。現在、建前上は研究者として自立した私がやっているのは、あのときに春兆さんから聞きそびれたことや、もっと聞いておかねばならなかったことを、自分なりの仕方で調べ、綴り、次の世代へと伝えるという作業かもしれません。

＊

「障害者差別」をテーマに掲げた書籍としては、本書は少し風変わりな一冊になったと思います。扱った事例は身体障害（特に脳性マヒ）だけであり、また「障害者差別をやめさせるための有効な手立て」や「障害者差別解消法に違反しないための適切な対応例」といったものも提示していないからです。タイトルだけを見て本書を手に取った読者の中には、こうした内容に不満を抱いた人がいるかもしれません。

確かに、差別は人の生命と生活を脅かし、心と尊厳を傷つけます。決して許してはならず、即効性のある対策をとるべき場面も多々あります。しかし、また一方で、差別は往々にして入り組んだ背景を持ち、明確な解決策を示しにくい場合があることも事実です。

直面している問題が大きければ大きいほど、また複雑であればあるほど、特効薬や対応マニュアルを求めたくなるのは自然な人情かもしれません。しかし、あまりにも早急に（あるいは短絡的に）「解決」を求める発想には、どこかに危険が伴うことを指摘し続けることも必要だと思っています。

割り切れない事情を力任せに割り切って「解決」させるような発想は、弱い立場の人に我慢や沈黙を強いたり、そうした「解決」に馴染めない人たちを排除したりする方向へと進みかねません。

例えば、「障害者差別のない社会を作る」という理念を掲げた議論が、「障害者が差別されないために」という目的へと変わり、「障害者を差別から守るためには住み分けた方が良い」という結論へと流れていくこともあります。本書で取り上げた青い芝の会が、その「行動綱領」に「問題解決の路を選ばない」と謳ったのは、こうした危険に警鐘を鳴らすためでした。

複雑に入り組んだ問題に立ち向かうためは、もどかしくても、遠回りでも、一人ひとりができることを積み重ねていくしかないようです。その際に重要なのは、「自分には何ができるのか」ということを、「自分」を主語にして考えていくことだと思います。

では、本書の著者である私にできることは何か。それは「過去、この社会の中で、障害者本人たちが特定の言動や価値観を『差別』だと受け止めはじめた経緯について、具体的な事例を一つ一つ調べていく」という作業です。

私たちの社会では、現在、どういった行為や価値観が「障害者差別」として見なされているのか。その行為や価値観が「障害者差別」として認識されるようになったのは、いつ、どのような事情が存在したのか。ある障害者たちにとって、そうした行為や価値観が「差別」であると感じられたのはなぜか。そうした障害者たちは、どういった言葉や行動によって、それに抗ったのか。そして、いま生きている私たちは、かつての障害者たちの問題提起について何を思い、どう受け止めるのか――。

こうした視点から、複雑に入り組んだ「障害者差別」について考えるためのヒントを得ること。それが私にできる、ほとんどすべてのことです。

*

本書を執筆するために、多くの方からご助力を賜りました。最後になりましたが、この場を借りて心より篤く御礼申し上げます。

青い芝の会の運動について、本当にたくさんのことをご教示くださった同会神奈川県連合会の横田弘さん（二〇一三年逝去）。

相模原障害者殺傷事件のことなどでお話を聞かせてくださった、障害者の自立と文化を拓く会「REAVA」の渋谷治巳さん。

マハラバ村に関する貴重な資料をご提供くださったマハラバ文庫の増田・大仏レアさん。

文芸同人誌『しののめ』の資料をご提供くださった同誌編集部の佐々木正子さん。

整肢療護園同窓会の貴重な資料をご提供くださった同園同窓会の佐々木卓司さん。

優生保護法関連の資料をご貸与くださったリブ新宿センター資料保存会の米津知子さん。

青い芝の会の貴重な写真の使用をお認めくださった疾走プロダクションのみなさん。

本当にありがとうございました。

そして、本書執筆の機会をくださった筑摩書房編集部の橋本陽介さん。遅々として進まない執筆に我慢強く伴走してくださり、ありがとうございました。

なお本書は、青い芝の会の運動理念を横田弘さんという一人物から追いかけた前著『差別されてる自覚はあるか――横田弘と青い芝の会「行動綱領」』（現代書館、二〇一七年）に収めきれなかった問題を中心に書かせていただきました。本書を読み、青い芝の会の運動に関心をもたれた方は、こちらも手に取っていただければ幸いです。

二〇二〇年二月

荒井裕樹